こころの症状はどう生まれるのか

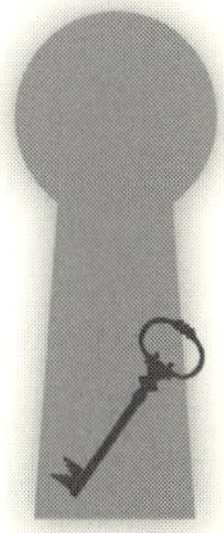

共感と効果的な心理療法のポイント

Komiya Noboru
古宮 昇

岩崎学術出版社

目次

序　章　本書の目的と構成

——共感するために必要な、了解することについて

1　婚約を破棄されて泣く女性

若い女性の来談者があなたの面接室に来て、こう語ります。

「婚約者から、一方的に婚約を破棄されたんです……。あの人とだったら人生の伴侶として一緒に歩いてゆける、と信頼していたのに……。結婚が決まったとき、両親はすごく喜んでくれたんです。友だちもそう。両親は子どもが好きで、初孫をすごく楽しみにしてくれていたのに……それがこんなことになっちゃって……。」彼女はさめざめと涙を流します。

きっとあなたは、「それは辛いだろうなぁ」と思うのではないでしょうか。その人の悲しみが想像できるでしょう。

それに対して、次のような来談者が来たらどうでしょう。

2　緑色のカーペットにパニックになる男性

中年の男性が、初めてあなたの面接室に来ました。ところがオフィスに入るなり、いきなり「あぁ

りました。

っ！　床のカーペットが緑色だ！　ああーっ!!」と両手で頭を抱えて首を激しくふり、パニックにな

あなたはきっとわけが分からないでしょう。どうして緑色のカーペットにパニックになるのか？「それは辛いだろうなぁ、よく分かる」とはとても思えないでしょう。彼の苦しみを共感的に理解することはできないのです。

右の二つの例から分かるように、共感するには、その前提として「了解すること」が必要です。「そんな気持ちになって当然だなあ」と了解できて初めて、「その気持ちはよく分かる」と共感できる可能性が出てきます。緑のカーペットに対してなぜパニックになるのかが了解できなければ、パニックになっている男性のことを「それは辛いよなあ、分かる、分かる」とは思えないのです。

3　共感的理解について

私の心理療法は、精神分的な見地に基づいており、共感的理解をとても重要視しています。そして、私の言う共感とは、来談者の感じていること、考えていること、分かってほしいことを、できるだけ細やかに正確に、来談者の身になって、あたかも来談者自身であるかのようにひしひしと、ありありと想像することを指します。心理療法家のそのような共感こそが、来談者が苦しみの原因を解決し人間としてさらに成長することをうながす力になると思います。

4　来談者は共感と尊重を強く求める

来談者の主訴にはさまざまなものがあります。うつで会社に行けない、娘が不登校だ、職場で誰も自分の味方になってくれない、パニック発作が怖い、リストカットをしてしまう、などなど。

彼らは、それらの主訴の苦しみを取り去ってほしい、軽くしてほしい、と願って心理療法に来ます。しかし来談する動機の根本には、主訴が何であれ、「自分の苦しみを分かってほしい」「こんな自分を受け入れて認めてほしい」という強い願いがあります。

ケース検討会でときどき、参加者から「この来談者がなぜ心理療法に来ているのかが分からない」という意見を聞くことがありますが、来談者が通うのは、根本のところでは、自分の苦しみを理解してほしい、自分を受け容れてほしい、という欲求からなのです。

だからこそ、心理療法家が、来談者の苦しみも悲しみも空虚さも、できるだけ来談者の身になってひしひし、ありありと想像し、そんな来談者をありのままに無条件で受け入れる、そのことが高い程度にできるほど、来談者にとって心理療法家との関係性はほかにない貴重なものになり、その関係性の中で少しずつ、彼らは変化してゆくのです。

5　了解するために理論が必要

しかしそのような、共感的理解と、無条件の受容と尊重に満ちた関係性を作るのは易しいことではありません。なぜでしょう。

いくつもの理由がありますが、主な理由の一つとして、来談者の主訴や話す内容がしばしば現実からズレていることがあります。非現実的なために了解しづらく、共感できないのです。その現実からのズレは、端的に言うと「転移」という現象によるものです。つまり、来談者の苦しみの原因になっている（または苦しみをいっそう深く激しくする原因になっている）物の見かたや感じかた、行動パターン、防衛のパターンは、彼・彼女のある過去の状況においては現実に沿ったものだったのですが、今の現実の状況にはそぐわないものなのです。そのとき、他人からは彼・彼女の苦しみ、感じかた、考えかたが了解しづらくなります。来談者が緑色のカーペットに対してパニックになると、心理療法家としては戸惑うばかりで共感することは難しいでしょう。

6　実践に役立つ理論とは

そこで、理論が必要になります。私にとって理論とは、人の個人的で主観的な気持ちを、できるだけその人の身になって共感的に理解するためのものです。それに役立つ理論が有益な理論だし、それができるようになる学びかたが、理論の正しい学びかただと思います。受験勉強のように、専門用語の定義を覚えるような学び方ではなく、理論によって、来談者の個人的で主観的な経験を共感しつつ理解できる、そんな学び方です。

7　本書の対象者と目的

この本は、対話による心理療法をおこなう専門家と、それを本格的に目指す方がたのために書かれた本です。そして本書の目的は、心理療法家がとくに多く出会う症状のうち代表的な症状のいくつかについて、どのようにしてそれらの症状が生まれるのか、そのメカニズムを精神分析的見地から解き明かすことです。それによって、あなたが来談者の苦しみをよりよく了解でき、さらには来談者の苦しみをできるだけ彼・彼女の身になって、ありありと想像しやすくなることを願っています。

本書ではさらに、症状のメカニズムを明らかにすることに加えて、来談者の訴えの何に注目し、何に留意して介入すれば援助的になるか、そのガイドラインを提供します。

本書では次の症状を取り上げます：激しい孤独感。自分が何をしたいのか、何のために生きているのかが分からない。生きている実感がない。劣等感。自己嫌悪感。リストカット。対人恐怖。不登校。出社恐怖。完璧症。強迫性障害。パニック障害。うつ症状。双極性障害（躁うつ病）。

8　本書の構成

本書では、症状の形成メカニズムを明らかにするまえに、まず第一部で私たち人間の心の成り立ちについて説明します。そのとき、心の成り立ちを、人間の持つ根本的で強烈な四つの衝動から説明します。

次にそれを踏まえて第二部では、心理療法とは何をしようとする営みなのかをお伝えします。そして第三部で、さまざまな症状がどういうメカニズムで発生するかを解き明かすとともに、効果的な援助的介入のガイドラインを提供します。

私の仮説では、人間の持つとくに根源的で強烈な心理的衝動は、次の四つに分けることができます。（一）自己実現を求める衝動、（二）無条件の愛情を求める衝動、（三）傷つきたくない、と求める衝動、(四)表現を求める衝動。

次章から、私たちの心の成り立ちを明らかにしてゆきます。最初に、私たち誰もがもつ自己実現を求める衝動について学びましょう。

第一部　私たちの心のなりたち

第一章　自己実現を求める衝動

1　浅田真央選手とキム・ヨナ選手

二〇〇九年冬に、カナダのバンクーバーで冬季オリンピックが開催されました。日本の選手団のなかで最も注目された一人に、女子フィギュアスケートの浅田真央選手がいました。彼女と、ライバルである韓国のキム・ヨナ（金妍児）選手が、金メダルにもっとも近い選手として、それぞれの国民の大きな期待を背負い、世界の注目を浴びて競り合いました。

最終日まで、浅田選手もキム・ヨナ選手もともに譲らない素晴らしい演技の連続でした。ほぼ同点と言ってよい高得点で最終日を迎え、浅田選手はその日も素晴らしい演技で高得点を取りました。しかし、キム・ヨナ選手はそれを上回る完璧な演技を披露しました。結局、キム・ヨナ選手がオリンピック史上最高得点を記録し、みごと金メダルに輝きました。表彰台で、気丈なキム・ヨナ選手が感極まって泣いていました。

キム・ヨナ選手は、決して他人にははかり知ることのできない、とてつもない重圧と戦ったことでしょう。ときに、その重圧に押しつぶされそうになったこともあったかも知れません。そんな中で、彼女は強敵の浅田選手を抑えて見事に史上最高得点で金メダルを獲得したのでした。

2　もっと素晴らしい自分になりたい、という努力に感動する

オリンピックは世界中の人々が注目します。多くの人々の関心をくぎ付けにし、多くの感動が生まれます。なぜなのか？　それは、浅田選手も、キムヨナ選手も、そしてすべての選手が、「もっと美しい演技をしたい」、「もっと素晴らしいスケーターになりたい」、「もっと高い得点を出したい」と必死でがんばっている、その姿勢があるからだと思います。そこに表れているのが、私たち誰もが持つ自己実現を求める衝動です。

同じことは、たとえば夏の高校野球にも、お正月の駅伝にも言えるでしょう。「一試合でも多く勝ちたい」、「前に打てなかったあのピッチャーを今度は打ちたい」、「もっと早く走りたい」。そうしてがんばる姿は感動的です。そして、甲子園で勝った選手たちがガッツポーズをして全身で喜びを表しているとき、駅伝で優勝したチームがみんな抱き合って喜ぶとき、彼らは自己実現の強烈な喜びの絶頂にいるのです。

自己実現を求める衝動とは、「もっと素晴らしい自分になりたい」、「もっと成長したい」、「もっと向上したい」という衝動で、それは私たち誰もがもつ強烈な衝動です。

その衝動はまた、「もっと楽しい人生にしたい」、「もっと充実した人生を生きたい」、「もっと苦しみを減らして喜びを増やしたい」、「もっと自分らしく生きたい」といった強い願いにもなります。

3　私たちの中に自己実現を求める衝動があるから、感動する

私たちがスポーツ選手の敢闘ぶりに感動するのは、彼らの姿が、私たちの中にある自己実現を求め

る衝動に共鳴するからでしょう。もしそうでなければ、スポーツ選手たちが競技に夢中になっているのはあまりに非合理的すぎて、なぜそんなことにがんばるのかが理解できないでしょう。

たとえば、甲子園を目指して野球に夢中になっている高校生。彼が野球に打ち込むのは非合理的なことです。というのは、野球に打ち込んだところで、圧倒的大多数の野球少年たちは、それによって大学に進めるわけでもなければ、野球を生活の糧にして生きてゆけるわけでもないからです。それどころか、野球に打ち込む努力とお金を勉強に費やすほうが大学進学の可能性が増えるし、第一、ケガで痛い思いをする危険もずっと減りますから、よほど合理的でしょう。

4　失敗を避けつづける不幸

しかし、もし彼の親が「野球なんかして何になるの？　そんなもの辞めて勉強しなさい」と野球を辞めさせたとしたら、それは彼にとってすごく辛いことでしょう。なぜならそれは、「もっといい野球選手になりたい」、「もっといい結果を出したい」とがんばって昨日の自分を超える、そのチャンスを失うからだと思います。そして、彼にとって成長に向けた努力の意味が感じられる対象は野球であって、勉強ではないのです。

彼にとって、意味が感じられる成長のチャンスを失うことは耐えがたい苦痛です。人間にとって、自己実現を求める衝動はそれほど強烈なものなのです。

運動部でがんばればがんばるほど、失敗の危険に直面します。試合で補欠になったり、やっと試合に出られたと思ったらエラーをしたり、チャンスで打順が回ってきて、チーム全員の「何とかしてくれ」という祈るような強い期待を受けたのに凡打でみんなを落胆させたり、先輩・後輩との人間関係でもめたり。

それとは対照的に、いわゆる〝やる気のないように見える生徒〟は、失敗がとても少ない毎日を過ごしているでしょう。勉強をがんばるわけではなく、クラブにも入らず、打ち込めることも目標もなく、学校が終わったら家に帰ってダラダラとテレビを見たりゲームをしたりして過ごします。

では、そうして失敗を避けて過ごしている子どものほうが、クラブに打ち込んで失敗に直面しながら生きている子どもよりも幸せでしょうか。教師なら誰でも、クラブに打ち込む生徒のほうが充実して幸せに生きていることを知っているでしょう。

5　いのちの力

自己実現を目指すのは、人間に限らず「いのち」の存在がもつ本質的な性質だと私は思います。私は先日初めて、家庭菜園でほうれん草を植えました。ほうれん草が育つには、日光、水、アルカリ性の土と養分、空気、二十度ほどの気温が必要です。私がそれらを整えたので、ほうれん草はなんとか葉を伸ばしてくれています。

「植物を育てる」という表現がありますが、正確にはそれは正しくないと思います。と言うのは、人は生育に必要な環境を整えるだけであり、植物がみずからのいのちの力によって、その植物らしい姿へと育ってゆくのです。人が育てるのではなく、植物がみずからの力で育つのです。

植物がもつこの成長の力が人間に現れたものが、自己実現を求める衝動です。これは、いのちある存在が本質的に持っている力だと思います。

6　赤ちゃんに見る、成長へのあくなき挑戦

私はヨガに通っています。ある日のレッスンに、子育て中のお母さんが二歳と五歳になる男の子二人を連れてきました。その二人はスタジオに入るなり、そこらじゅうを走りはじめました。兄弟でうれしそうに走りまわっているさまを、まわりの大人たちはほほえましく眺めていました。

その子どもたちにとって走ることは喜びでした。走る能力を身につけた彼らは、ただ走りたかったのです。それは自己実現を求める衝動の表れです。

発達段階をさかのぼり、乳児について考えてみましょう。乳児は、手や脚が動かせるようになるとバタバタと動かします。動かすとおっぱいがもらえるから動かすわけではなく、ただ動かすことがうれしいようです。それは、「もっと動かせるようになりたい」、「自分の力をもっと使いたい」という欲求の表れです。

そうして手脚を動かす能力がついたら、次に「はいはい」を始めます。ベッドの中で横になって過ごし、おっぱいをもらい、おむつを替えてもらう生活は快適なはずですが、それだけではいやなのです。自分の力で這えるようになりたいのです。

「はいはい」ができるようになっても、それで満足はしません。やがて立ち上がろうとし始めます。家具や壁に手をついて、一生懸命に立ち上がろうとします。

進化の過程で、人間は四本足をやめて直立歩行するようになりました。そのせいでさまざまな困難に見舞われることになりました。腰痛はその最たるものでしょう。肩こりもそうですし、脚も疲れます。二本足で直立なんかしたために、人間はそれらの苦痛を経験することになったのです。

それでも赤ちゃんは立ち上がろうとします。それは食べ物をもらうためではなく、昨日できなかったことを今日はできるようになりたい、ただそれだけなのです。成長への、あくなき欲求です。

立ち上がれるようになると、赤ちゃんは歩こうとします。よろよろ、よたよたと弱い筋肉で重い体を支えて一生懸命に歩行しようとします。しょっちゅうボテっと転び、「わーん」と泣くこともしばしばです。きっとそのころの赤ちゃんにとって、転んで重い体を床に叩きつけられることは、かなりの苦痛じゃないかな、と想像します。それでも私たちは、一生這いずり回り続けるのはいやなのです。何度も何度も転びながらも歩く練習を繰り返します。

あなたがいま歩行できるのは、その過程を乗り越えてきたからです。あなたは本質的に、この「もっと成長したい」という強い衝動を持っているのです。

7　自己実現を求める衝動のさまざまな表れ

自己実現を求める衝動とは、このように「成長したい」、「自分の可能性をどんどん伸ばしたい」という願いとして感じられます。それらはまた、「もっといい人生にしたい」、「もっと楽しく、意味ある、充実した毎日を生きたい」という願いでもあります。

あなたが今こうして本書を読んでおられるのも、きっと自己実現を求める衝動からではないでしょうか？　きっと、心理療法と人の心について学ぶことに意味を感じるからこそ、本書を読んでおられるのでしょう。

ユダヤ人医師でナチスに捕えられ強制収容所に入れられたビクトル・フランクルは、著書『夜と霧』のなかで、人間の根本的な欲求として「意味を求める欲求」を挙げています。意味のある人生を生きたい、という欲求です。本書では、その欲求も自己実現を求める衝動というカテゴリーに入れています。

私はまた、人への愛もこの自己実現を求める衝動の中に入れて考えています。「人に幸せになってほしい」、「人の役に立てることが嬉しい」という気持ちです。あなたが本書を読んでおられるのは、「良い心理療法家になりたい」と願うからこそであり、その底には、「来談者の方々に幸せになってほしい」という願いがあるからでしょう。人の幸せを願うこと、そして「愛したい」という気持ちは、私たち人間が持つ強烈な願いだと思います。

さらに人間には、創造したい、という強い衝動があると思います。さまざまな芸術活動はその典型的なものですが、自分の人生を自分らしく作ってゆきたいとか、自分の子どもを作りたいとか、そのような強い思いは、私たちが根本的にもつ創造への衝動だと思います。私は創造を求める衝動も、自己実現を求めるいのちの力の表れの一つとして考えています。

8　自己治癒力

昨年、私は骨髄ドナーになりました。腰のあたりに注射針を八十回ぐらい刺して、骨髄液を少しずつ抜き取る手術を受けました。もっとも、手術は全身麻酔でなされたので苦痛はまったくなく、四日間の入院生活はとても快適でしたし、注射針を刺した腰の辺りも、今ではその跡形すらありません。採取された骨髄液は、見知らぬ患者さんの待つ遠くの病院へ即座にヘリコプターで運ばれ、無事に輸液されたとのことです。

このような、八十回も注射針を刺す手術ができるのは、私たちの体がもつ自己治癒力のおかげです。私たちの体には、傷つきを癒し修復する力があるのです。

私たちの体は、そのような驚異的な知恵と働きに満ちています。内臓は、自律神経によって自動的に働き続けてくれます。また、特定のビタミンやミネラルが必要になると、今までに食べたことのあるすべての食品群の中から体は今の自分にぴったりの食品を探してくれて、そしてたとえばみかんが食べたくなる、そんな知恵もあります。

女性は妊娠すると、コーヒーが飲めなくなったり、人工添加物の入った食べ物が食べられなくなったりする人がいます。新しいいのちを身ごもったとき、私たちの体の知恵がいっそう発揮され、体に有害なものを敏感に感じ取れるようになるのでしょう。

同じような自己治癒力は、私たちの心にもあります。私たちは、「心の痛みや傷つきを治そう」「苦しみの原因を根本から解決して、もっと良い人生にしよう、もっと自分らしさを輝かせて生きよう」という願いを持っていますし、傷つきを癒そうとする心の働きがあります。

9　成功の連続なのに、喜びを感じない

私の義理の弟（妹の旦那さん）が先日急死しました。まだ三十代でした。その前日もいつものように元気に仕事をし、何の変調もなくいつも通りに就寝したのですが、翌朝、布団のなかで静かに息絶えていたそうです。彼のように、今朝、決して目覚めることのできなかった人は世界中にたくさんいたは

ずです。そんな中であなたは今朝、起きることに成功しました。そのことをはじめ、あなたは今日だけでもおびただしい数の成功を収めて来られました。もしあなたが今日、職場や学校などに行ったとしたら、それも成功の連続があってこそのことです。ちゃんと服を着ることに成功し、駅まで行くことに成功し、正しい電車に乗ることに成功したか、または安全運転で目的地に着くことに成功したのです。

ところが、あなたは今朝からそうして数々の成功体験を重ねたにもかかわらずその実感はなく、職場に到着したときに強烈な自己実現の喜びを爆発させて大きくガッツポーズをすることはなかったと思います。なぜでしょう？　それは、失敗するとは思っていなかったからでしょう。朝起きられるのは当たり前だと思っていたし、職場や学校にも当然行けるものだ、と思っていたでしょう。だから、成功の大きな喜びはなかったのではないでしょうか。

もし仮に、あなたが今朝、職場のオフィスに到達したのが人類史上初の快挙だったとすればどうでしょう。しかも、あなたは過去に何度もそこに到達することに失敗し、「次こそは絶対に到達してやる！」と体力トレーニングの専門家や、心理状態をピークに保つためのメンタルトレーナーなどを雇って「チーム○○（あなたの名前が入る）」を結成して、苦しいトレーニングを繰り返したとすれば、そしてついに今朝、あなたは人類史上初めてオフィスに到達したとすれば、それはさぞ強烈な自己実現の喜びの瞬間になったことでしょう。

10　自己実現の喜びには、失敗の可能性に直面することが必要

つまり、自己実現の喜びを味わうためには、失敗する可能性に直面し、失敗の恐怖を乗り越えて挑

戦することが必要なのです。

キム・ヨナ選手がオリンピックの表彰台で涙を流したのは、韓国の国民の熱狂的な期待を背負い、世界中の大観衆が注目するなかで、技に失敗し、しりもちをつき、ライバルの浅田真央選手に無残な敗北を喫する可能性があったからです。その危険に挑戦し、壮絶な努力のすえ勝ち取った栄冠だったからです。

11　立ったままパンツがはきたかった女の子

私の、心理療法のお師匠さんから聞いた実話です。あるときその先生が知り合いのご夫婦の家を訪ねたところ、その家には三歳になる女の子がいたそうです。先生がその子の相手をして遊んだのですが、育ち盛りの元気な女の子で、部屋中を跳ねまわったりして遊んでいたそうです。しばらくしてその子はトイレに行って帰ってくると、スカートの下にパンツをはかないままで畳の上を元気にピョンピョン跳ねまわっていたそうです。まだ羞恥心のない年齢でした。それでも、そのうちパンツをはきたくなって、お母さんが持ってきてくれたパンツをはこうとし始めました。

その子は、畳の上にお尻をついてはけば簡単にパンツをけるのですが、どうやら、「私も大人のように立ってパンツがはきたい」と思ったようです。彼女は立ったままパンツをはこうとしますが、平衡感覚に乏しく脚の筋肉も弱いその子にとって、重い脚を持ちあげて立ったままパンツをはくのは至難の業でした。彼女は何度も失敗を繰り返し、ついには一つの穴に両方の脚をズボッと勢いよくつっこんで、脚が抜けなくなってしまいました。その子は床に座り、パンツを両手で持って顔を真っ赤にしてヒィヒィ、ヒィヒィと引っ張るのですが、どうしても抜けません。

そのころ、その子のお母さん何をしていたでしょう？　彼女はただ、ニコニコと女の子を見守っているだけでした。その子はとうとう涙まで流しながら苦闘していいました。そうして、ついにパンツから両脚を抜くことができました。しかしそれからも立ったままパンツをはこうとして苦闘を続け、小一時間も経ったころ、ようやくパンツがはけました。後ろ前が逆でヘンにだぶついていましたが、彼女にとってそれはどうでもよいことで、ついに大人のように立ったままパンツがはけたのです。それは、彼女の自己実現を求める衝動を充足する成功体験になったのでした。

ちょうどそのとき、私のお師匠さんのテーブルの上にケーキが出されていました。女の子は苦闘のあとでお腹が空いたことでしょう、それを見て、「私もケーキをちょうだい」と言いました。ところが、あいにくその家にもうケーキはありませんでした。お母さんが「ケーキはなくなっちゃった。そばボーロならあるけど、それでいい？」と尋ねると、「うん」とのことで、その子はお母さんが持ってきたそばボーロを美味しそうに食べていました。

苦労が大きかったからこそ、その子にとっては、パンツを立ったままはけたことが、自己実現の喜びを得る体験になったのでした。私たちは、苦労が大きいほど、そして失敗の可能性が高いほど、成功したとき・成し遂げたときに大きな喜びを味わえるのです。

12　自己実現の喜びを奪う親の行動

もし、その女の子が立ったままパンツをはこうと苦労しているのを見て、親が「何をしているの⁉　こっちに来なさい！」と言ってはかせたり、「座って早くはきなさい！」と叱りつけて座ってはかせたりするとき、親は子どもから、自己実現の喜びを得るチャンスを奪ったことになります。子どもが助けを求めたのでないかぎり、親が先回りをして子どもが自分の力で挑戦するチャンスを取り上げてしまえば、子どもは深い不満足感と不満を感じることになるでしょう。

そんなとき、子どもは何が不満なのかが自分でも分からないかもしれません。とくに、親は自分のためにしてくれたのだから文句が言えず、不満を表現できないこともあるでしょう。

彼・彼女が不満足感、不満を抱くのは、挑戦と成長のチャンスを奪われたからですが、それはまた同時に、彼・彼女の「成長したい」「自分の力でやってみたい」という挑戦への欲求を親が理解してくれないことへの不満でもあります。その不満は、「自分のことを理解してほしい」という、無条件の愛を求める衝動が満たされない不満です。この、無条件の愛を求める衝動については次の第二章でくわしく学びます。

もちろん、親にも都合があります。たとえば、会社に行く前に子どもを保育園に送らなければならない朝に、子どもがパンツをはくのに時間がかかっていたら、親がはかせなければ会社に遅れてしまうでしょう。子どもの自己実現を求める衝動を満たさないことが一度あったからといって、その子が激しく傷つくわけではありません。ただ、深く傷ついた子どもは、「お父さん、お母さんは基本的に自分の気持ちも欲求も分かってくれないし大切にしてくれない」と感じるものです。

13　子どもから必要とされずにおれない親

また親によっては、子どもから必要とされたいあまりに、子どもの自己実現のチャンスを奪ってしまうこともしばしばあります。

子どもが自分でできることを親がしてしまったり、「あれをしてはいけません、これをしてはいけません」と子どもを不安にして萎縮させてしまったり、子どもが自分で挑戦したいのにそのチャンスを取り上げてしまったり。そして親は、それらの行動をしばしば「子どものため」だと思っておこなっています。しかし、子どもの能力や発達段階に適切な挑戦の機会を取り上げてしまう本当の理由が、子どもを親に依存的にさせるためであることも多いと思います。

そういう親から、子どもは次のようなメッセージを受けとります。

「あなたは能力がないから、私が必要です」

このメッセージは子どもの成長に重大な悪影響を及ぼします。自信がなく他人に依存せざるを得ない、不安の高い子どもになりかねません。

親がそのような形で子どもを傷つけてしまうのは、親の持つ愛情飢餓感が一因だと思います。子どもの関心を集めないと寂しくて仕方がないのです。またそのような親は、自分のことを無価値だと感じてもおり、それゆえ、子どもから必要とされることによって自分の価値を感じようとせずにいられないことも多いでしょう。つまり、親自身が自信がなく他人に依存せざるを得ない、不安の高い人だからこそ、子どもまでがそう育ってしまうような関わり方をしてしまうのです。

学校に行けない、会社に行けない、就職活動ができない、自信がない。そのような大人や子どもの多くが、ここでお伝えしている、自分の道を自分で開き、自分のしたいことに挑戦し、自分の人生を自分らしく生きる、という自己実現のチャンスを奪われて来た苦しみを抱えているように私には思えます。

もっとも、完璧な親などいませんし、完璧な子育てもあり得ません。だから、親は誰だって子どもを傷つけることが何度もあるし、私たちも子どものころに、親から傷つけられて育ちました。

ただ、私たちがもつ自己実現を求める衝動はたいへん強烈なものであること、そして、親が子どもから失敗の可能性を減らそうとすることは、子どもの心の成長にとって大きなマイナスになることはご理解いただきたいと思います。

14　自己実現と充実感

自己実現を求める衝動は、いのちあるものに内在する根本的で激しい衝動です。そして私は、自己実現とは、私たちがこの世に生れて来た以上、すべての人が魂のレベルで望んでいることだと思います。ですから、せいいっぱいの自己実現をしながら生きているのではないとき、いつも胸に深い空虚感と悲しみを抱えながら生きることになると思います。そのとき、人生の意味を見いだせないし、人生がたいくつでつまらなく感じられるでしょう。多くの人々が、胸に抱えるその空虚感、悲しみ、たいくつ感をマヒさせようとして、ワイワイ騒いだり、アルコールや買い物やセックスなどに依存したりしているように私は思います。

ここまで、自己実現を求める衝動について詳しく考察してきました。その衝動とは別に、心理療法を実践するときすべての来談者について焦点になるとくに重要な衝動があります。それは「無条件の愛を求める衝動」です。人間の心の本質を理解するためにとても大切なその衝動について、次章で詳しく学びましょう。

第二章　無条件の愛を求める衝動

1　もも太郎

遠い昔から民衆によって語り継がれてきた昔話には、人間についての知恵がつまっていると思います。なぜなら、語り継がれる過程で、人の本質を表すように自然に変化が加えられてきたはずだからです。そうだからこそ、人を引きつけ長年にわたって語り継がれてきたのでしょう。

ですから、あなたが子どもと関わる機会があれば、ぜひ昔話を読み聞かせてあげていただきたいと思います。そしてもも太郎のお話にも、子どもたちに伝えたいメッセージがたくさん詰まっています。

2　子どもへの愛

もも太郎は川から流れてきた桃から生まれます。このことが伝えているのは、子どもは人間が作るものというよりも、天から授かったのだ、というメッセージではないでしょうか。そう思うと子どもをいただいたことへの感謝の気持ちが湧くし、子どものことがよりいっそう大切に思えるのではないでしょうか。

おじいさんとおばあさんは、ふたりしておかゆを食べさせたり、魚を食べさせたりして、もも太郎を育てました。もも太郎は、一杯食べると一杯だけ、二杯食べると二杯だけ、三杯食べると三杯だけ、大きくなる。おじいさんとおばあさんは、「もも太郎や、もも太郎や」と、かわいがって、かわいがっていました(1)。

おじいさん、おばあさんはもも太郎をたいそうかわいがり、もも太郎はご飯をたっぷり食べてぐんぐん大きくなります。これは、子どもに向けて「あなたが生まれてくれて、お父さん、お母さんは本当にうれしい」、そして「あなたが成長することがお父さんお母さんには喜びなんだよ」というメッセージを伝えるものでしょう。

3　もも太郎の、自己実現を求める衝動

ある日のこと、一羽のからすがもも太郎のうちの庭に来て、鬼が島の鬼が来て、あっちゃ村で米とった。があーがあー　姫をさろうて鬼が島。があーがあーがあーがあーと鳴きました。

それを聞くともも太郎はおじいさんおばあさんのところに行って、ちゃんと座って、両手をついて、「おじいさんおばあさん。私も大きくなったので、鬼が島の悪い鬼を退治しに行きたいと思います。どうか許してください」と頼みました。

おじいさん、おばあさんの愛情をいっぱいに受けて立派に育ったもも太郎は、居心地の良い今の環境に安住するのではなく、ある日とつぜん、鬼が島へ鬼退治に行きたい、と言いだします。これは自己実現を求める衝動の表れです。つまり、自立したい、そして自分の生に意味を見出したい、もっと

立派な自分になりたい、そして人の役に立ちたい、と求める激しい衝動です。

おじいさんもおばあさんも、「どうして、どうして、おまえはまだ歳もとってないし子どもだから、鬼になど勝てるわけがない」と言って止めたけれども、もも太郎は「いいや、いいや、おら、きっと勝てるから」と言って聞きません。とうとう、おじいさんもおばあさんも仕方なくなって、「それほどいうなら、行ってこい」と言って、日本一のきびだんごをどっさりいっぱいこしらえて、腰に下げさせ、「気をつけて行ってこい。鬼を退治してくるのを待ってるでなあ」と送り出しました。

おじいさん、おばあさんは、最愛のもも太郎を失うことを悲しみながらも、ついには彼を手放すことにします。これによって、子どもは成長したら親から独立し、親子はいつか別れるのだ、ということを聞き手に伝えています。

そして鬼が島に出発するもも太郎に、おばあさんはきび団子を作って持たせます。きび団子は親の愛の象徴でしょう。親の愛をもらってこそ、子どもは独立して自分の人生を歩んで行けるのです。そして、もも太郎がきび団子をたずさえて鬼が島へ行ったように、人は親の愛を持ち続けることによって人生の挑戦に立ち向かうことができる、ということを示しているのだと思います。

4　自己実現した人間が備える資質

一人で出発したもも太郎は、きび団子によって、さる、犬、きじ、という仲間を得ました。なぜ彼

（1）もも太郎の引用は、「ももたろう」（松居直　福音館書店）に依ります。なお、原文はすべてひらがなですが、本書では適宜漢字に変えてあります。

は一人で鬼退治をしなかったのでしょう。彼が仲間につけたこれらの動物は、人が一人前の大人として自立するために必要な資質を象徴的に表している、という見方ができるかもしれません。

たとえば犬は、忠実さ、誠実さ、勤勉さ、人なつっこさなどの資質を象徴しているのかもしれません。さるは俊敏さ、動きの速さでしょうか。またそこから、変化への機敏な対応力を表しているのかもしれません。または野生的なエネルギーの象徴かもしれません。きじは、空の向こうから突然やってくる生き物ですから、インスピレーション、勘、第六感の能力かもしれません。もしくは、きじはとても勇敢な鳥なのだそうですから、勇敢さや攻撃性の象徴かもしれません。

もも太郎がおばあさんのきび団子によってこれらの動物を仲間につけた、というストーリーが表しているのは、子どもは親の愛情を受け、それを内在化し、それを心理的なリソース（資源）として、これらの能力や特長を発達させるのだ、というメッセージなのかもしれません。

しかし、もも太郎のように親の無条件の愛情をたっぷり受けることができなかったとき、悲劇が起きます。その例として、たいへん悲劇的な事件について見てゆきましょう。

5　両親を殺害しようとした女子中学生たち

ある夏の日、住宅の焼け跡から夫婦の焼死体が見つかりました。警察の調べが進むにつれて、驚くべきことが分かってきました。その火事は放火によるもので、犯人は、なんとその夫婦の中学生になる娘さんだったのです。しかもその女の子は、同級生の女の子と一緒に、お互いの親を殺そうとしたのでした。二人は真夜中に家を抜け出して、まず最初の女の子の家に行って火をつけました。しかも、二階で寝ている両親が逃げ出せないよう、階段に燃料をまいて階段を炎で包んだのです。彼女らは家が燃えているのを確認して、次に包丁を服の下に忍ばせてもう一人の女の子の家に行き、寝室にいた両親を殺そうとしたのでした。そちらは未遂に終わりました。

この事件は世間を震撼させました。世間の多くの人々は、その女の子らのことを異常な子どもたちだと考えたでしょう。

でも私には、彼女らが異常な人間だとは思えません。

そのうちの一人の子は、自宅に火を放つ前に、かわいがっていた子犬を守るために友だちの家に預けていました。そんな優しさを持つ女の子でした。そんな子が、なぜ自分の親を殺したのでしょう。

6　子どもは、親の無条件の愛情を求める

幼児は、親に完全に依存しています。親から世話をしてもらえないと生きて行けないからです。子どもにとって、親に見捨てられることは文字通り死の恐怖の体験のはずです。

それゆえ、子どもは親の「無条件」の愛情を強烈に求めます。無条件の愛情を言葉で表すことはできないと思いますが、言葉でせいぜい表現するなら、きっと次のようになると思います。

「○○ちゃん、あなたはそれほど勉強ができるわけでもないし、スポーツも苦手だし、お父さん・お母さんの言うことをよく聞くわけでもないけど、でも私にはあなたが世界でいちばん大切なの。誰よりあなたを愛している。なぜならあなたが私の子どもだから」

親の子どもへの無条件の愛を言葉にすると、きっとこのようになるのかな、と思います。もちろん、自分の子どもがテストで高得点を取って喜んでいたら、親としてうれしいのは当然でしょう。また、子どもが運動会でさっそうと走って一等賞を取ったら、「うちの子はかっこいいなあ、運動神経が良いなあ」と思うでしょう。

しかし、それらのことと、その子への愛情とは何の関係もありません。勉強ができるからもっと愛するとか、かけっこが速いからもっと大切に思うとか、そういうことではないのです。そういう無条件の愛情を、子どもは親から激しく求めます。

7　親の愛情を十分に実感できないとき

ところが私たちは、親の無条件で安定した愛情をあまり実感できずに育つと、まるできび団子をもらえないまま、一人ぼっちでほうり出されて鬼が島へ行かねばならないかのような寂しさと心細さのなかを生きることになります。深く強烈な孤独感、心細さ、不安、恐怖、自信のなさを抱えたまま、人生の道を歩いて行かざるを得ないのです。

そんな私たちにとって、大人の責任を担って生きることはものすごく大きな重荷になります。生きることが不安で苦しいものになります。ですから、もも太郎のように人生の新しい領域を求めて積極的に出てゆくよりも、傷つかないこと、安全な場所にしがみつくことを優先させざるを得なくなります。

次に、親は自分のことを無条件には受け容れてくれていない、と感じたことがその後の人生に悪影響を与えた実例として二人の女性のお話を紹介します。

8 「私なんか無能だ」というメッセージ

動物好きの美栄子さん（仮名）は子どものとき、お母さんに「将来は獣医さんになりたい」と言いました。するとお母さんは「獣医さんになるには医学部に行かないといけないのよ」と言ったのですが、そのとき彼女がお母さんから受けたメッセージは、「〝イガクブ〟ってよく分からないけど、すごくエライ人じゃないと無理なことで、私なんかにはできない」ということでした。美栄子さんのお母さんは、彼女を発奮させようという意図で言ったようですが、彼女がお母さんから感じたメッセージは、「お母さんは私を能力の低い子だと思っている。お母さんが言うんだからそれは真実に違いない」というものでした。

美栄子さんは大人になってから心理療法を受けることを通して、「私は能力の低い人間だ」という信念に自分がどれほどまでに縛られ、能力を発揮できずに来たかを悟りました。彼女は、大学生のときに自分でアルバイトをしてお金を貯め、ヨーロッパをたった一人で一カ月間も旅行して廻ったのですが、それだけのことを成し遂げても、強い達成感は得られなかったそうです。そしてそのとき、「私は自分をがんじがらめにしている何かから逃れたくて旅に出たけど、そのがんじがらめにしているものは自分の内側にあるから、環境を変えたって変わらない」と実感したそうです。

美栄子さんはまた、とても勤勉な人ですが、その勤勉さのなかに「私は無能じゃない！」と、周囲に、そして自分自身に、そしてお母さんに見せつけたい、という気持ちがあり、そのためしばしば無理を重ねてきたことにも気がついたのでした。

9　「どうしていつも要らないことばっかりするの！」

私が〝スーパー銭湯〟と呼ばれる娯楽施設で出会ったできごとです。見知らぬ家族づれとエレベーターの前で一緒になりました。その家族には、小学校低学年ぐらいの女の子がいました。彼女はきっと、家族みんなで温泉に来れてうれしかったのでしょう、はしゃいで、エレベーターの下りボタンを押しました。しかしその家族は上に行きたかったのでした。そこでお母さんがヒステリックに「あんたはどうしていつも要らんことばっかりするの！」と女の子を怒鳴りつけました。すると女の子は「ごめんなさい、ごめんなさい」と必死に繰り返していました。

私はその光景に胸が痛みました。ひょっとするとその女の子は、「自分はいつも要らないことをする人間だ」、「自発的に行動すると失敗する」という信念を深く刻みつけて成長してゆくかもしれません。もしそうなると、彼女は、人生において新しいことに踏み出したり危険を冒したりすることに大きな不安をもつでしょう。また、「喜んだりはしゃいだりしては危険だ」、という信念をもつため、日々の生活から喜びがすごく減るかもしれません。

もっとも、上記のようなできごとがその女の子の人生で一度あったからといって、その子に大きなマイナスのインパクトを与えるとは限らないでしょう。ただ、その女の子の「ごめんなさい、ごめんなさい」と必死に繰り返す姿を見て、私は、このようなやり取りがその親子の間で何度も繰り返されてきたはずだ、と感じました。

10　親への憎悪

子どもは親の無条件の愛情を激しく求めるがゆえに、それが得られないときには恐怖と寂しさを感じ、何とか親から認められ、受け容れられ、愛されよう、とします。その同じパターンを、後の人生で自分では気づかないうちに繰り返し、生きることがきゅうくつになったり、不安、恐怖、落ち込みなどの原因になったりします。

また、子どもが親の無条件の愛情を十分に感じられないとき、恐怖や寂しさ、悲しさを感じるとともに、怒りも感じます。それが繰り返されるとき、やがて憎しみになります。子どもは、親が安定した無条件の愛情をくれないと、親を殺したいほどの憎悪を抱くものです。それが私たちの本質だと思います。

そう考えると、さきほど述べた、お互いの親を殺そうと共謀した二人の女子中学生について、私は、彼女らの心の動きは決して異常なものではないと思います。私たちのほとんどは彼女らほど激しく傷つくことはなく育ったでしょうし、親への殺人的な憎しみを行動に移すこともないでしょう。しかし彼女らの、親を殺したいほど憎む気持ちは、もしも私たちが彼女らほど傷ついて育ったとすれば、私たちだってきっと持っていた気持ちだと思います。

11　私たちが人々のためにできること

無条件の愛を強く求めるのは、子どもだけではなく大人も同じです。たとえば配偶者から、「あなたがこうこうだったら愛してあげるけど、そうじゃなかったら嫌い」と思われるよりも、「あなたがいてくれることがうれしい」とか「あなたが生まれてきてくれたことがありがたい」思われるほうがうれしいですよね。

ですから、世の中をより良い場所にし、世の中に愛、幸せ、安心を増やすために私たちができる最大のことは、家族、職場、親戚、友だちなど周りの人たちに、あなたが彼・彼女のことを無条件で大切に思っていること、無条件で愛していること、を伝えることだと思います。

「無条件で人を愛するなんてできない」と思うかもしれません。でも、少しでもそれができればその分だけ、あなたがいるおかげでこの世がより良い場所になると思います。

そして世の中をより良い場所にするとき、私たちは生まれてきた目的を叶えながら生きているのだと思います。

12　自己実現と愛情を求める衝動が満たされない傷つきが、意欲のなさを引き起こす

私は第一章で、「人は誰もが、もっと素晴らしい自分になりたい、もっといい人生にしたい、という強烈な自己実現を求める衝動を持っている」、とお伝えしました。ところが実際には、人びとがみな、自己実現を目指して新しいことに挑戦し続けて生きているわけではありません。それどころか、成長しようという積極的な意欲もなく、不満や苦しみを抱えながらも、それを解決するための建設的な行動もせず、毎日ダラダラと生きているように見える人たちがたくさんいます。

それはなぜでしょう。

それは、自己実現を求める衝動と無条件の愛情を求める衝動が満たされない傷つきが深く激しいほ

ど、「もう傷つきたくない、変化は恐すぎるので今までのあり方にしがみついていたい」という衝動が強くなるからだと思います。そのとき、変化と成長を志向する、自己実現を求める衝動は危険なものに感じられ抑圧されます。

次の章では、「もう傷つきたくない、変化は怖すぎるので今の状態にしがみついていなければいられない」、と求める衝動について学んでゆきましょう。この衝動は、自己実現を求める衝動に対抗する心の働きであり、私たちの心の健康について理解するために重要な衝動です。

第三章　傷つきたくない、変化は怖すぎるから変わりたくない、と求める衝動

1　親の態度が子どもに伝わる

まだ幼くて歩けなかった子どもが歩けるようになったとき、親がそれを喜び、「すごいねー」「よく歩けるねー」と応援すれば、その子は自己実現の喜びと充実感を感じるでしょう。しかし期待過剰な親が、「うちの子はまだ一歩しか歩けない」、「隣の子に比べて、うちの子はまだここまでしか歩けない」と不満や不安の気持ちで接すると、その子は自己実現の喜びを感じられないし、同時に、親から愛してもらえない、認めてもらえない、と感じて深く傷つくでしょう。もしそうなれば、彼・彼女にとって、歩くことは挫折や失敗の経験になるのです。

そういう態度で育てられた子どもは、「自分はダメだ」と、根強い劣等感に苦しむようになるでしょうし、同時に「親の期待に応えない限り愛してもらえない、受け入れてもらえない」と感じるので、いつも親の目、親の評価を非常に気にするようになるでしょう。

先に挙げた、ヨガのスタジオにお母さんが男の子たちを連れてきて、その子らがスタジオ内を走り回っていた出来事も同じです。男の子たちが走り回っていたとき、周りの大人たちは温かい関心とま

なざしを彼らに注いでいました。ですから彼らにとって、あのときスタジオで走り回ることは、自己実現を求める衝動を満たす喜びの時間だったことでしょう。

しかし逆に、周りの大人たちが怒って「こんなところで走るな！」と叱りつけていたとしたら、走ることによる自己実現の喜びは感じられなかったはずです。それどころか、「喜びに身を任せるのはいけないことだ」と漠然と感じるようになり、その後の人生で、喜びを感じることに抵抗を持つ大人になったかもしれません。

もっとも、家族以外の大人から叱られたことが一度でもあると子どもは委縮してしまい喜びを感じられない人間になる、とまでは私は思いません。しかし、親も同じような態度で子育てをしていたら、子どもは、よその大人から叱られたときに萎縮してしまいやすくなるでしょう。

2　自己実現と愛を求める衝動はつながっている

話が少し逸れましたが、ここでお伝えしたいことは、自己実現を求める衝動と無条件の愛を求める衝動は密接に関連している、ということです。自己実現の行動が親の温かい関心を持って見守られるとき、子どもは自己実現を求める衝動も愛情を求める衝動も満たされます。そのように、どちらかの衝動が満たされるとき、もう一方の衝動も同時に満たされることが多々ありますし、逆に、どちらかの衝動が満たされないとき、もう一方も満たされないことが多いでしょう。

4　お客さんに出すおにぎり

私の母は、喫茶店を経営して子どもたちを育ててくれました。私が小学校低学年のときのことでした。母は、お客さんが注文したおにぎりを出すときは、きれいに握って海苔やふりかけで飾り、見栄えよく皿に載せて出しました。それに比べて、私におにぎりを作ってくれるときは、ぞんざいに握り、お皿にただポンと載せるだけのように見えました。ある日、私はそれがとても気に入らなくなりました。そこで母に、「ぼくもお客さんに出すおにぎりがほしい」とねだりました。母はお客さんの対応で忙しかったのですが、それでも私のためにおにぎりを握って出してくれました。

ところが、私はそのおにぎりがどうしても不満でした。私にとっては、いつもと同じ、ぞんざいに握ったおにぎりでした。

「こんなのじゃない！　お客さんに出すおにぎりがほしい！」

「ほら、おにぎりじゃないの。お客さんに出すものと同じよ。さ、食べなさい」

「イヤだ！　これはお客さんに出すおにぎりじゃない！」

すると母は腹を立てて、「そんな、訳のわからないわがままを言うなら食べなさんな」と言っておにぎりを引っ込めてしまいました。私は、バツの悪い、そして悲しい気持ちで黙りました。

5　私は、欲しがってはいけないと学んだ

そんな経験を重ねて、私は「欲しがるのはいけないことだ」、そして「自分の気持ちは話さないで黙っているほうが安全だ」という信念を作って行ったと思います。

もっとも、自分ではそんな信念があるなんて分かっておらず、それは心理療法を受けるなかで理解したことでした。私はその信念のために、人生において「あれが欲しい、これが欲しい」と感じることに対して無意識的にブレーキをかけていたと思います。それは他人からの好意や人気、権力などの抽象的なことがらについても、お金などの物質的なことがらにおいても、そうでした。そしてその分だけ、私は欲のない人、遠慮がちな人だったと思います。そのために、人生の喜びも楽しみも十分には得られずに生きていたと思います。

せっかく与えられた人生をそうして不十分にしか生きざるを得なかったのは残念なことですし、そういうありかたは、「もっと良い人生を生きたい、もっと良い自分になりたい」という、自己実現を求める衝動が抑圧された状態だと言えるでしょう。

6　衝動の置き換え

「お客さんのおにぎり」をねだった、あのときの私の心には何が起きていたのでしょう。具体的なことは覚えていないのですが、可能性として、自己実現を求める衝動をさまたげられるような出来事がその前にあったのかもしれません。たとえば、どこか行きたい場所に行かせてもらえなかったとか、好きな野球を親の都合でさせてもらえなかった、など。

私たちは、そのように自己実現を求める衝動を阻まれたとき、その苦しみを解消しようとして代わりに愛を求めることがあります。あのときの私が母から求めた〝お客さんに出すようなきれいなおにぎり〟は、私にとっては母の愛情の象徴だったのです。つまり、おにぎり自体に意味があったわけではなく、「ぼくにも愛情を込めてほしい」という訴えだったのです。

7　ケーキが、愛情の象徴になっていたかもしれない

第一章「自己実現を求める衝動」で、立ったままパンツをはこうとがんばった女の子のお話をしました。彼女の場合は、自己実現のチャンスをお母さんが邪魔しなかったので、苦闘の末、ついに大人のように立ったままパンツをはくことができたのですが、彼女はパンツをはき終わってお腹が空いたとき、お客さんに出されたケーキを見て、「私もケーキがほしい」と言いました。あいにくケーキはなかったので、代わりにそばボーロを出してもらい、それを美味しそうに食べていました。

もしもあのとき、女の子のお母さんが、「さっさと座ってパンツをはきなさい！」と叱りつけていたとすれば、どうなっていたでしょう。女の子は自己実現のチャンスを奪われたことになります。もしもそのあとに「私もケーキがほしい」とねだったとすれば、それはお母さんの愛情を求めるものだったかもしれません。そのときには、「そばボーロならあるわよ」では納得せず、「イヤだ、私もケーキがほしい！」と言い張ったかもしれません。

彼女が本当に求めているのは、空いたお腹を満たす食べ物ではなく、ケーキに象徴される母親の愛情なのです。ですから、もしその状況でお母さんが「ケーキはありません」と答えたとすれば、それはその子にとっては「あなたにあげる愛はありません」と言われることを意味するので、女の子は辛すぎて「イヤだ！」と抵抗するのです。

子どもが訳のわからない要求をして感情的になるときには、自己実現を求める衝動が阻まれたり、

愛情を求める衝動が満たされなかったりした代替物として、親の愛を象徴的に求めて何かの物を要求をしていることが、しばしばあります。彼・彼女が本当に求めているのは、要求している物自体ではなく、親の愛情なのです。

8　変化に挑み続けるイチロー選手

プロ野球で、アメリカ大リーグの記録を次々と塗り替えたイチロー選手が、インタビューでこう語っています。「毎年、気持は変わりますし、体も微妙に変わります。いいフォームが何年経ってもいいとは思いません。その時々の自分に合うフォームがかならずあるはずです(2)。」

私はまた、彼が「打ち方は毎年変えています」とインタビューで語るのを聞いたことがあります。彼は日本と米国で、プロ野球の歴史に燦然と輝く数々の偉大な記録を作っているわけですから、そのままの打ち方でずっとプレーすべきだと思えそうですが、彼はいつも進化を目指して変化し続けているのです。

9　ゴルフの宮里藍選手と石川遼選手

プロゴルファーの宮里藍選手は、日本人として初めて世界ランク一位になった選手です。しかし、世界の頂点へ上りつめる道は決して順風満帆だったわけではありません。彼女は数年間にわたる極度の長いスランプに苦しんだのです。宮里選手はその原因について、テレビのインタビューで「米国の

(2)『夢をつかむイチロー２６２のメッセージ』（夢をつかむイチロー２６２のメッセージ編集委員会編、二〇〇五）二〇頁より抜粋。

選手たちが大きく力強い身体でボールを遠くに飛ばすのを見て、私も、もっと飛距離を伸ばそうとスイング改造などに挑戦したからです」と語っていました。それまで日本のトップだった宮里選手も、その地位に甘んじることなく、さらに上を目指してスイング改造などの挑戦を続けたのです。

また、十五歳でゴルフの史上最年少優勝を果たし、十八歳のときには史上初めて十代の若さで賞金王になったスーパースターの石川遼選手が、スイング改造に着手してそれがうまく行かず、フォームがバラバラになって今まさに無残な試合をしているという報道を、さきほど目にしました。

イチロー選手、宮里藍選手、石川遼選手。彼ら一流選手に共通しているのは、誰にもできない素晴らしい成績を収めても、さらに進化を目指して変わり続けていることです。このことは、きっとすべての分野における一流のプロに共通することだろうと思います。たとえ「昔ながらの味」を守り続けている老舗の料理屋も、伝統を守り続けるために、料理、サービス、従業員教育などの点で絶え間ない向上の努力を重ねているはずです。彼らにとって変わらないことと言えば、「つねに変化し続ける」ことでしょう。第一章「自己実現を求める衝動」でお伝えしたように、変化がいのちの本質です。

10　不幸な人ほど、変わることを怖れる

しかし、不幸な人ほど変化を怖れます。私はそれを繰り返し見てきました。

自分の可能性を伸ばし、人生をイキイキと充実して幸せに生きている人よりも、不幸で不満足な人生を過ごしている人のほうが、今までのパターンをやめて新しい行動や考え方に変えることに、強く抵抗するのです。

少し考えると、それは反対であるべきであるように思えます。なぜなら、幸せに生きているのなら同じやり方を続けるべきだし、不幸なら、そんな人生がイヤだから変えたくなるはず。しかし、実際にはそれは逆なのです。

私たち誰もがもつ強く根源的な衝動の三つ目は、「変わるのが怖いので変わりたくない」と求める衝動です。それは、「変化よりも、今のやり方・今あるものを手放したくない」、「成長よりも、変化しないことを優先させずにおれない」、「今のやり方にしがみつかざるを得ない」というあり方です。

そして不幸な人ほど、変化したくない、という衝動を優先させて生きているし、また、その衝動から生きるほど、幸せを遠ざけてしまうように私には思えます。このことに関連して、私の経験からいくつかの実例を見てゆきましょう。

11　変化を認めたくなかった私

私はヨガを長く続けています。ヨガには心身の健康を増進する効果があることが、いくつもの実証的研究で確認されています[(3)]。ヨガなど東洋の身体学では、おへそから五cmほど下のあたりを丹田

（3）古宮（二〇〇九）による七四名を対象とした調査で、ヨガをしている人は平均すると、始めてから二カ月後には、自尊感情が向上し、対人不安、孤独感、完璧症傾向が軽減し、人生への満足度と健康感が増大するとともに、さらに良い人生にしようという前向きな意欲が高まっていたことが分かりました。また Jung. et. al. (2010) の研究では、被験者一二四名のうちヨガをしている人たちはそうでない一般成人たちに比べ、前向きで明るい気分が強く、ストレス測定値が半分以下で、喜びの感情をもたらすドーパミンの量が多かったことが明らかになっています。その他、米国などの多くの研究者らによって、子どもの集中力の向上、問題行動の減少など、多くの研究結果が得られています。

（たんでん）と呼び、そこが体を中心だと考えとても重要視します。そこに気が充実すると体力も気力も充実し、願いや目標を達成する行動力が出て、自信がつくと言われています。

あるころから、ときどきヨガの先生たちに「古宮さん、丹田が強くなりましたね」と褒められるようになりました。しかし私は素直に喜ぶのではなく、「はぁ、そうですかね……自分ではあんまり分かりませんけど……」と煮え切らない返答をしていました。

あるときふと、自分がそんな反応をしていることに気がついて、「どうしてぼくは素直に『ありがとうございます』と言わないのだろう」、と考えました。

答えはすぐに分かりました。「はい、丹田が強くなりました」と認めるということは、「私は丹田の弱いダメ男でした」と認めることのように感じていたのです。ヨガの先生方のおかげで丹田が強くなったということは、それまでの自分のやり方は悪かった、と認めることのように感じて、それはプライドが許さなかったのです。

12　今までの自分を正当化したい、という欲求

このような私の心の動きは、変わりたくない欲求の表れの一つです。自分が変化しているという事実を否定しており、そのこと自体がさらなる変化の妨げになります。そして、変化を否定したくなる理由は、「今までの自分のあり方が正しいと思いたいし、他人にそう思ってほしい」ということですし、それは「今までの自分のあり方を正当化したい」ということです。

そしてその思いは、「自分が間違っているんじゃないか」、「自分は劣等なんじゃないか」という深

い自己無価値感に根差すものです。自己無価値感がなければ、今までの自分のあり方を正当化しようとがんばる必要などありませんから、「丹田が強くなりましたね」と先生に褒められたら、素直に喜んだでしょう。

このように、変わりたくない欲求の根本には自己無価値感があります。

13 「さきに理屈を説明してくれんと分からんやないか！」

私がある日のヨガのレッスンのあと、更衣室で着替えていたときのことです。その日は六十代ぐらいのある男性が初めて体験参加したあとでした。その男性は、体験参加したばかりのヨガレッスンについて不満タラタラでした。

「今日は初めてここに来ていろんな体操や呼吸法などをしたけど、それをするとこういう理屈でこう効く、ということをレッスンの前に説明してもらわんと分からん！　なんでそういう体操や呼吸法をするんか、説明もなしに〝さあ、やりましょう〟と言われてやったけど、それじゃ納得できん！」

つまりその男性の物事のやり方は、先に理屈で納得してから行動する、というものだったのでしょう。しかもその理屈は、彼の今までの知識や固定概念に照らし合わせて〝正しい〟と思える理屈でなければならないようです。理屈より先にとにかくやってみる、というのは彼のやり方ではなかったのでしょう。

スタッフによると、本当はレッスンについて説明するために、男性には三十分前に来るようお願いしていたそうですが、その男性が遅れて来たために、説明の時間がとれないままレッスンに入ったのだそうです。

それはともかく、そのように自分の今までのやり方に固執するのも、私が「変化への怖れ」と呼ぶものの現れであり、それは、「成長することよりも、変化しないことを優先させずにはおれない」という心のあり方です。その男性は、今までのやり方を手放し、「理屈で納得していなくても、先生に委ねておこなってみる」という新しいやり方を試してみることを拒否したのです。

14　自己無価値感から、教えを拒みたくなる

そのような、教えを取り入れることへの抵抗は自己無価値感から来るものだと思います。つまり、自信があれば怯える必要はないのですが、「自分の価値が感じられない、信じられない」という思いが心の底にあるので、すぐに「自分のやり方を否定された」と感じるのです。指導者の態度に対してそのように過敏にならざるを得ないのです。

何かを学ぶには、先生の言うとおりにすることが大切だと思います。自己流を主張したのでは今までの自分と変わりません。我流になるので伸びないのです。

ところが、新しいことを先生から学びに来ているにもかかわらず、「先生のやり方が気に食わない」と反発するのは、自分のやり方を否定された気持ちになるからではないでしょうか。またそうして反発するのは、「先生が私のやり方（考え方、気持ち、など）を尊重してくれない、分かってくれない」と思うからであり、それはつまり、「先生のやり方を学ぶよりも、自分のやり方を正しい、と認めてもらうことを優先させる」ということでもあるでしょう。それは第一章で考察した、愛を求める衝動

です。学ぶことよりも、「先生が愛をくれるかどうか」を優先せざるを得ないのです。

15　怒って退出した男性

私が、「行列のできる社内研修講師」というセミナーに参加したときのことです。セミナー室で開始を待って座っていると、見知らぬ参加者の男性が会場に入り、私から少し離れた席に座りました。するとスタッフの人がその男性のそばに行って、何かをボソボソ伝えていました。その男性は何か文句を言い始めました。男性とスタッフはしばらく話していましたが、男性はとつぜん立ち上がると、「帰る！」と吐き捨てて出ていってしまいました。残されたスタッフは、かわいそうに呆然とした様子でした。その男性が座った席はセミナーの進行に都合が悪かったので、スタッフは他の席に移るよう頼んだのでした。

そのセミナーは、もし素直に受ければその男性にとって恵みをもたらしてくれるセミナーになっていたかもしれません。彼は「行列のできる社内研修講師」として活躍する道が開けたかもしれないのです。しかし彼は、「オレが座りたい場所に座らせてくれないのなら、帰る」「少なくとも、オレが納得できるように席の移動を頼まないのなら、帰る」ことを選んだのです。そうして、せっかくの恵みの可能性を自分から拒否したのです。

このように、「オレのやり方でやってくれないなら、恵みを受け取ることを拒否する」というあり方も、「成長することよりも、自分の今までのやり方を認めてもらうことを優先させずにいられない」という、変化を妨げる欲求の表れです。

16　成長から自らを閉ざす大学院生

たとえば心理療法を学ぶ大学院生の中に、「先生が私のやり方を分かってくれない」とか、「ぼくのことを認めてくれない」、「先生の言い方が気に入らない」などと反発して心を閉ざす学生がときどきいます。そういう反応はとても人間的でしごく当然の反応ではありますが、心理療法家として力をつけるには、心理療法家として実力のある先生の言うことをただ実行する素直さとひたむきさが必要ですので、先生が提供するものを拒んでしまうのは残念なことだと思います。学ぶとは、生徒が先生のやり方を理解し受け容れることであり、先生が生徒のやり方を受け容れることではないからです。

そういう不満の根底には、先生の愛と承認を求めざるを得ない心の傷つきがあるように思えます。その痛みのために、学ぶことよりも、先生から自分のやり方を承認してもらうこと、認めてもらうこと、良く評価してもらうこと、を優先せざるを得ず、それが得られないとき、傷ついて心を閉ざしてしまわざるを得ないのでしょう。

ここまで、変化への怖れによって新しい学びが妨げられる現象について考察してきました。次に、変化への怖れが成長を妨げる別の現象である、心理療法を受けることへの抵抗感について詳しく見てゆきましょう。

17　米国人も、心理療法を受けることを嫌がる

「アメリカ人って、日本人と違って気軽に心理療法を受けるんでしょう？　精神科医を主治医とし

て持っていたり心理士を持っていたりするのがステータス・シンボルなんですってね。」

私は日本で何度かこのように尋ねられたことがありますが、それはとんでもない誤りです。米国人も、心理療法を受けることに対して強い抵抗感があります（Vogel, et. al., 2006）。

心理的援助の必要な米国人の多くが援助を受けないことは、複数の調査によって繰り返し明らかにされていますが（Kushner & Sher, 1989; President's Commission of Mental Health, 1978; Stefl & Prosperi, 1985; Wills & DePaulo, 1991）、そのような調査として特に優れたもののひとつに、Kessler, et. al.（1994）による全米の大規模調査があります。その調査では、一般市民八〇九八名を対象に一五八名の面接員が個人面接をおこない、鬱などの気分障害、パニック障害などの不安障害、アルコール・薬物依存、など代表的な十四の精神疾患の症状の経験を尋ねました。なお、調査対象者たちの男女比、人種、学歴、既婚／未婚率、居住地域、などは全米人口の比率に合うよう統計的に調整されました。

すると、調査対象の十四の精神疾患のいずれかに罹ったことがある、と判定された人の割合は四八％にも上ることが明らかになりました。ちなみに、アルコール・薬物の濫用・依存状態になったことがあるのは対象者の二七％、不安障害は二五％、気分障害は一九％でした。ところが彼ら四八％のうち、医師、心理療法家、ソーシャルワーカーなど、いずれかのプロの援助を受けた人は四二％しかおらず、さらに、心の専門家である精神科医もしくは心理士（psychologists）の援助に限ると、たった二六％しか援助を受けていませんでした。

そのような実情を受けて、米国心理学会は一九九六年に米国民に対して心理療法をもっと身近で受けやすいものにするキャンペーンをおこなったほどです（American Psychological Association, Practice Directorate, 1996）。

18　人が心理療法を受けたがらない理由

では、なぜ米国人は心理療法を受けることを嫌がるのでしょう？　多くのアンケート調査から、次の要因が挙げられています：他の人たちから「気違いだ」とか「性格が弱い」など悪く思われる（Stefl & Prosperi, 1985）、「自分の問題は自分で解決するのが私のやり方だ」という信念（Bornstein, et. al., 1993; Wills & DePaulo, 1991）、知らない人に自分の問題を話すことへの怖れ（Fischer & Turner, 1970; Hinson & Swanson, 1993; Horwitz, 1977; Kelly & Achter, 1995; Kessler, Brown, & Broman, 1981; Leaf et al., 1987; Rule & Gandy, 1994）、など。

また、男性のほうが女性よりも心理療法を受けることに対する抵抗感は強く、とくに「男らしさ」にこだわる男性ほどその傾向が強いことも分かっています（Good, Dell, & Mintz, 1989; Good & Wood, 1995; Robertson & Fitzgerald, 1992）。

これら米国の研究結果は日本人にもそのまま当てはまると思います。たとえば中釜洋子氏は、現在の日本でも、女性を心理療法に積極的にし、男性を消極的にする文化的状況は続いている、と述べていますし（二〇一〇、一五三頁）、私も同感です。

しかし私は、人々が心理療法を受けたがらない本当の中心的な理由は、研究者たちが挙げているこれらの要因ではない、と考えています。研究者たちがアンケート結果などによって挙げているこれらの理由は、人々の合理化（言いわけ）に過ぎないのではないか、と思います。

私たちの中にある、心理療法を受けることへの抵抗感の本当の原因は、本章で考察している、変化を怖がる心の動きだと思います。そしてそのその具体的な表れとしては、感情をあるがままに感じることへの怖れと、人への不信感だと思います。それが、心理療法を実践してきた私の経験と研究からの仮説です。ここからは、それについて考察してゆきましょう。まず、感情をあるがままに感じることへの怖れについて考えます。

19　感情への怖れ

私は、身体から入る心理療法のグループに参加したことが何度もあります。そこでは、抑圧されてきた激しい感情が噴出し、激しく泣いたり叫んだりすることがあります。もちろん、そうせずに感情を抑えてクールなままで時間を過ごすことも自由にできるし、そうする人もいます。

そのセッションでは、準備運動が終わり「さあ、はじめましょう」という段になると、気味悪く怖ろしい気持ちになったものです。逃げ出したい気持ちです。「悪魔みたいなものが出てきたらどうしよう」「地獄があらわれたら……」という感じです。私はこれが、心理療法を受けることに対する人々の抵抗の重要な要因だと考えています。

この、「心理療法に対する抵抗感の原因のひとつは、感情をありのままに生き生きと感じ経験することへの恐怖である」という仮説の正しさを検討する目的で、私は米国の大学生男女三百十一名を対象に研究をおこないました（Komiya, Good, & Sherrod, 2000）。感情を感じることへの抵抗感を測定する質問紙と、心理的援助を受けることに対する抵抗感を測定する質問紙に回答させ、それらの関係をパス解析という統計法を使って分析したのです。すると結果は、「感情にオープンな人ほど心理療法を受けることへの抵抗感が少なかった」というものであり、それは私の仮説を支持する結果でした。

私はまた、米国に他国から来た留学生たちを対象に同様の研究もおこない、その研究においても「どんな感情でもオープンに生き生きと感じる」ことに許容的な人ほど、心理療法を受けることへの抵抗感が少ない、という同様の結果を得ています（Komiya & Eells, 2001）。

20　人間への不信感

心理療法を受けることへの抵抗感の主な原因としては、ここまで考察してきた感情への恐怖とともに、人間に対する不信感も重要だと私は思います。人間への不信感のために心理療法家のことが信じられず、心理療法を求めることを躊躇します。そして私は、人間への不信感には二つの大きな源があると思います。

一つは、自分の気持ちを重要な他人から受容されず、逆に拒絶された傷つきの経験です。その経験があるために、「正直に表現するとまた傷つくかもしれない」と不安になります。

大切な人に受けいれてもらえなかった経験は、それが幼少期であるほど、そして拒絶が多く激しいほど、私たちの心に深く大きな悲しみ、寂しさ、空虚感の傷を残します。そして私たちはその痛みから逃れたくて、人びとの愛情、関心、受容を求めます。さらには、痛みが大きく人を求める気持ちが強いほど、拒絶されることがいっそう怖くなります。それゆえ、他人への警戒心はさらに強くなります。

21　人への不信感のもう一つの源が、投影

人間不信の二つ目の源は、精神分析理論でいう投影です。私たちは、自分自身で受けいれられない自分の感情、衝動、考えなどについて、「人に知られると軽蔑されるんじゃないか」「批判されたり責められたりするんじゃないか」と不安に思います。

たとえば、私の大学の学生を見ていると、自分の大学について劣等感を持っている学生は、大学名を人に明かすことを恥ずかしく感じます。それは、偏差値で人の優劣を判断する自分自身の価値観について、「他人が持っている」と感じるからです。このように、自分の中にあるものを、他人の中にある、と信じることが投影という現象です。同じ大学に通う学生であっても、大学について劣等感を感じていなければ所属校を平気で他人に明かすものです。

では、投影がどのように心理療法への抵抗感に結びつくのでしょう。本章で私が述べてきた仮説をもう一度述べると、「心理療法を避けたくなる中心的な原因のひとつは、自分の内にある抑圧された感情が出てくる不安であり、言い換えると、自分自身で受けいれられない自分が暴かれる不安である」ということです。私たちは、「自分の本当の気持ちや考えを話すと心理療法家が私を軽蔑するんじゃないか、批判するんじゃないか」、と不安に思いますが、自分を軽蔑し批判しているのは自分自身なのです。

さらに、私たちの中にはしばしば、「自分自身でも受けいれられない感情や衝動が制御できずに飛

び出してくるんじゃないか」という不安があります。それが心理療法家へと投影され、「密室でヘンにされるんではないか」、「洗脳されるんじゃないか」などと感じるのだと思います。

22　心理療法への抵抗感の原因についての、まとめ

心理療法を受けることに対する抵抗感の源の一つ目は、受け容れがたい感情に直面することへの恐怖だと思います。私たちは「正しい」ことばかりを考えたり感じたりするものではありません。親や教師だって子どもを嫌ったり憎く思ったりすることはあります。また、妻が浮気をしたい欲望を感じることがあるかもしれません。部下が「あんな上司なんかいなければいいのに」と思うこともあります。また、親に対して反抗と怒りしか感じない人の心の底には、本当は、愛されなかった寂しさと、親の愛情を求めてやまない気持ちが潜んでいるものです。

それらの気持ちをときに私たちが素直に感じられず、その一部を抑えつけたり歪めたり否定したりするのは、それらを感じることがあまりに怖すぎるからです（Rogers, 1951: p.114-115）。私たちは、「心理療法を受けるとそれらの抑えつけられたものが出てくるのではないか」、と不安に感じるのです。

心理療法に対する抵抗感の二つ目の原因は人間への不信感です。その不信感は、大切な人から拒絶された経験から来るものですが、それはまた、「こんな自分を心理療法家に知られたら拒絶される（批判される、軽蔑される、など）」という、投影にもとづく反応でもあります。

23　自己実現を求める衝動との矛盾

第一章で私は、「人間には自己実現を求める衝動があり、それは、自分の苦しみの原因を癒して手放そうとする自己治癒力でもある」、とお伝えしました。

もしそれが本当なら、人は、心の痛みを癒し心の矛盾を解決するために、進んで心理療法を受けようとするはずです。しかし私の研究で明らかになったように、人は国籍を問わず、心理療法を受けることには抵抗感を感じるものです。

ここに、私たちの中にある「変わるのが怖い」、「変わりたくない」と求める強い衝動を見ることができます。

つまり私たちは、「変わりたい、もっと素晴らしい自分になりたい、もっと良い人生にしたい」と願う自己実現の衝動とともに、「変わるのは怖い、今あるものを手放すのは怖すぎる」という衝動も同時に持っています。そしてこの二つの矛盾する衝動は、ことあるごとに衝突します。

この、変わることを怖れる気持ちは、動物が本能的に持っている、生命を失うことへの激しい怖れと密接に関係していると思います。今までのあり方を変えることは、よく知っている安全から離れ、新しい見知らぬ危険な領域に入ってゆくことを意味するからです。

しかし私は、変化を怖れる気持ちは、動物が本能的に持っている生命を失う恐怖から来るとともに、心の傷つきから来るものでもあると思います。そして、傷つきに基盤をもつこの欲求の根底には、自己無価値観があります。

24　傷つきのために、自分を制限してしまう

まだ癒せて手放せていない過去の傷つきが深く激しいほど、「もう傷つきたくない」という欲求が強くなって、新しい挑戦ができなくなります。そのために、自分の可能性も能力もチャンスも生かせなくなります。

たとえばその例の一つは、自分の実力と可能性を過少評価することです。ある専門職の女性は、彼女が所属する協会の役員になるよう、会長から声をかけられました。それは名誉なことでした。彼女が優秀で人望もあったからに違いありません。ところが彼女は、「そんな大それた役が自分に果たせるのだろうか、この話は断るべきじゃないか」と悩み苦しみました。

彼女は、新しいことをするたびに、まず「失敗したらどうしよう」という不安が先に立つのがパターンでした。彼女は、子どものころひどく叱られたり、または親が大きく落胆した、そんな経験から「失敗してはいけない。失敗する人間は価値の低い人間だ」というメッセージを受けて育ったのでしょう。

彼女はまた、「私に役員という重い責任をこなす能力があるだろうか」と悩んでいたのですが、彼女が本当に悩んでいたのは、「役員としての役目を期待されたようにできなかったら、会長から悪く思われるし、協会の会員たちからも『ダメな役員だ』と思われるんじゃないか」、ということでした。つまり、彼女は「私が役員の責任を果たせなかったら、協会に迷惑がかかる」と考えて悩んでいたつもりだったのですが、彼女のより深い悩みは、彼女が会長や会員たちから悪く思われるのではないか、ということだったのです。

無条件の愛を求める衝動はたいへん激しい衝動であることをお伝えしましたが、この衝動が満た

されず傷つくほど、私たちは、自分の可能性にチャレンジすることを犠牲にして、「愛されること」、「人から悪く思われないこと」を優先させずにはおれなくなります。それはまた、他人から良く思われているか、受け入れてもらっているか、が気になって仕方ない状態でもあります。それはとても苦しいことです。

私たちはその状態が強いほど、「自分は人の上に立つような人間じゃないから」、「自分がそんな素晴らしい物を得たりしたら、分不相応だ」などの、自分を制限する思い込みや枠にしがみつかずにいられなくなります。

そんな心の痛みによって成功を制限していた、ある女性写真家の例を見てみましょう。

25　新しい飛躍に向けて挑戦することができない、ある女性写真家

ある女性の写真家は、うつ気分と、自分で納得のゆく写真が撮れなくなったことを主訴に、心理療法を求めてやって来ました。彼女は、自分が撮った写真を雑誌に売ったり、ポスター用写真を撮影する仕事などをうけおったりして細々と生計を立てていました。しかし、自分で写真展を企画して開いたことはなく、単発の仕事に応募したり、依頼された仕事だけを引き受けたりしていました。彼女はまた、写真のお師匠さんと数年前に仲たがいをしてしまい、それからはどの先生にもついていません。

彼女は両親から、「親が『正しい』と認めることだけをしなければならない」というメッセージを強く受けて育ちました。彼女は、両親の期待に沿って生きてきた「良い子」だったのです。

彼女にとって、写真の先生と仲たがいしたことはとても辛い出来事になりました。それは、彼女は

気づいていなかったのですが、彼女の心の奥にずっとあった、親が無条件に愛してくれなかった大きな心の痛みが呼び起こされたからでした。そして本来であれば、彼女の写真の腕はまだ未熟ですから新しい先生について教わるべきですが、また先生から嫌われたらどうしよう、という不安のために、新しい先生を求めることができずにいます。

また、彼女は自分で写真展を開くなど、プロとして飛躍するための新しい挑戦に踏み切れません。その理由は、愛情を求める衝動が満たされなかった傷つきのために、自己実現を求める衝動を抑圧せざるを得なかったことでした。つまり彼女は、「失敗すると自分は愛される価値のない人間だから、失敗してはいけない」という信念があったので、写真展を開いても人があまり来てくれなかったり、彼女の作品について悪い評価を受けたりすることが怖すぎるのでした。

もちろん、新しい写真の先生を持てないことも、彼女の写真家としての成長にはマイナスでした。このように、無条件の愛情を求める衝動と自己実現を求める衝動に関する傷つきがあるほど、職業においても挑戦からしり込みしたくなり、成功が遠ざかりがちになります。

26　胸の深い空しさと悲しさ

私たちがこの世に生まれた目的は、自分の可能性を開花させ、自分のすばらしさを実現するためだと私は思います。それは、私たちの心理的な側面というよりもスピリチュアルな側面のことがらだでしょう。それは、私たちが魂のレベルで望んでいる深い願いだと思います。

そして、「傷つくのが怖い、変わりたくない」という衝動は、この魂の願いを妨げる方向へ働きます。ですから先ほどの女性写真家のように、この衝動から物事を選び行動するとき、胸の奥に深い空しさと悲しさを感じながら生きることになると思います。それは心理的な悲しみに留まらない、より深い源からの悲しみではないか、と私は思います。

自己実現を求める衝動から物事を選択し行動するとき、人生に意味と充実感を感じ、自分のことが好きに感じますが、変わることを怖れる部分から物事を選択し行動するほど、それとは正反対で、人生に意味も充実感も感じられず、人生が退屈になり、自分のことも好きになれないでしょう。

27　自己実現よりも、変わらないことを選ぶ例

本書を読んでおられるあなたなら、心理療法などの援助の実力をつけたいと願って講演や研修、勉強会などに参加されたことがあるでしょう。大学院で学ばれたかもしれません。

もし、それらの成長の機会を家族から邪魔されたらどう感じるでしょう。「研修なんかにお金を無駄遣いしないで家にいろ、家事をしろ」と言われて学ぶことを禁止されたら、さぞ腹が立つでしょうし、悲しいでしょう。

また、それらの学びと成長の機会を家族から止められるのではなく、ご自身で止めたとしたらどう感じるでしょう。

たとえば、「今日はセミナーだけど、イヤな人ととなりどうしの席になったり、講師から当てられて答えられずに恥をかいたり、そんなことになるとイヤだから欠席しよう。家でテレビでも見ていよう」という理由で休んだとしたら、そして日ごろからそんな生き方をしていたら。そのとき、あなた

の人生はきっとハリのないものになるでしょう。ご自身のことも好きだとは感じられないでしょう。

もっとも、「今の自分には休息が必要だから、今日はセミナーに行かず休養しよう」とか、「家族との時間を大切にしたいから、家で家族と過ごそう」などの積極的な理由からセミナーを休むなら、話は別です。そうではなく、新しい見知らぬ状況が怖いから、失敗が怖いから、という理由で自己実現のチャレンジを避けるとき、あなたの人生は意味の感じづらいものになるし、自信も自尊心も感じづらくなるでしょう。

28　自己実現が阻まれるとき、愛は感じられない

私の経験では、来談者のほとんどが深く激しい傷つきをかかえて苦しんでおり、それだけに、「変わるのが怖い、現状にしがみつかずにいられない」という傾向を強く持っています。ゆえに、自己実現に向けて挑戦を続ける生き方はあまりできていない人が多いと思います。そして、心の傷つきに発する心理的な悲しみや怒りを抱えていると同時に、本来の自分らしさをまばゆく輝かせながら意味を感じる人生を生きる、ということができていないスピリチュアルな悲しみも抱えながら、なんとか毎日を過ごしています(4)。

彼らの心の苦しみは多くの場合、親から自己実現を求める衝動を満たす機会を奪われたことから来ていますが、同時に、親から愛されなかった、とも実感しており、その傷つきはとても激しいものです。

たとえば、第一章で挙げた例ですが、野球に夢中で打ち込む高校生の男の子が、親から「野球じゃ学歴にならないし、将来食べていけないから、クラブはやめて受験勉強をしなさい」と言って野球を

やめさせられたとします。そのとき彼は、自己実現を求める衝動を満たすチャンスを奪われると同時に、「ぼくにとってどれだけ野球が大切かを親は分かってくれない、ぼくの気持ちを大切にしてくれない」と感じるでしょう。それは、彼の自己実現を求める衝動を無視することであると同時に、「親に分かってほしい、ぼくのことをそのまま受け入れてほしい、ぼくを無条件に愛してほしい」、という強烈な願いを打ち砕くことでもあります。

そのように、私たちにとって、自己実現を求める衝動を満たすチャンスを奪われることは、愛を与えてもらえないことでもあります。そして心理療法の場面では、来談者は、「親から自己実現を邪魔された」という苦しみを訴えるよりも、「親が愛してくれない、受け容れてくれない」という苦しみが表面に現れることが多いと思います。

29　ふたたび、浅田真央選手

第一章で、フィギュアスケート選手の浅田真央さんのお話をしました。私は彼女がどんなご家庭から来られたのか、まったく知りません。しかし、彼女は「私は親から無条件に愛されている」と高い程度に感じて育った人であることは間違いないと思います。

（4）私は開業臨床をしており、大多数の来談者は恵まれた経済状態ではないにもかかわらず、比較的高い料金を払って通っています。そういう状況ですから、私の臨床経験は、比較的苦しみの強い方々の援助に偏っている可能性はあるかもしれません。しかし、スーパービジョンを提供している私の経験から、公立の無料相談機関を含めて、来談者のほとんどが、深く激しい心の痛みを抱えて苦しんでいる方々だと思います。

すでにお伝えしたように、完璧な子育てなんてあり得ませんから、彼女がいつも百パーセントそう感じたわけではないでしょう。しかしそれでも、かなり高い程度に、彼女は親ごさんからの安定した無条件の愛を感じて育ったはずです。

もし仮に、彼女が次のような親子関係で育ったとしたら、どうなっていたでしょう。

浅田選手がオリンピックでライバルに負けて帰宅したとします。家のドアを開けると、お父さん、お母さんがそこにいて彼女に言います。「おまえはライバルのキム・ヨナに負けて、どういうツラを下げて帰って来とるんじゃ！　浅田家は日本中から注目されて、お前のために、お父さん、お母さんはあれもしてやって、これもしてやって、お金もこんなに使ったのに、ぶざまに負けて！　おまえは浅田家の恥だ！」

もし、仮に浅田選手がこんな家庭から来ていたとしたら、彼女はずっと以前にスケートをやめていたと思います。と言うのは、そんな両親に育てられると、子どもは、次のようなメッセージを受けるからです。

「お父さん、お母さんは、私が期待に応えれば認めてくれるけど、そうでなければ私を拒絶する。私は、お父さん、お母さんの言う通りにできない限り、愛される価値のないダメな子どもだ」。

子どもにとって、そう感じるのはとてもつらいことです。無条件の愛とは正反対のあり方だからです。

浅田真央選手に、そのように親の期待に応えることによって愛を得ようとする感覚が強いほど、試合の結果は、親から認められるかどうか、受け入れてもらえるかどうか、愛してもらえるかどうかを左右する、あまりに重要なことがらになります。つまり、親から期待される結果を出せないと、彼女が深く感じている「私は根本的に、愛される価値のないダメ人間だ」という信念が証明されることになります。

もしそうだったら、浅田選手にとって、失敗することは自分自身の存在の根底を揺るがすあまりに怖しいことになりますから、スケートの大会には怖くて挑戦できず、それゆえ彼女は一流スケーターとしてのキャリアをやめていたでしょう。

「スケートは趣味ですればいいわ。普通の大学生になって、普通のOLになるから。そもそもそこまでスケートが好きなわけじゃないし」。このように言ってやめていたかもしれません。

このように、無条件に愛してはもらえない心の痛みは、自己実現の危険をおかす勇気をくじくのです。

親から無条件に愛された、という実感の乏しい選手はプレッシャーに弱い選手になりがちです。負けることが、自分の人としての価値を失うことを意味するからです。そうして、豊かな素質がありながら、試合で弱いために無名に終わったスポーツ選手は今まで数多くいたに違いありません。

または、浅田選手は両親を喜ばせるために無理してスケートを続けたかもしれませんが、そのときには、「自分の選んだ道を自分の足で歩いている」という充実感も、「自分の人生に意味がある」という感覚も乏しく、その苦しみを抱えながら生きることになっていたでしょう。

浅田選手が一流になれたのは、親が自分を認めてくれるか、愛してくれるか、を心配することなく、トリプルアクセルが跳べてうれしい、失敗して悔しい、ライバルに勝ててうれしい、負けて悔しい、ということに集中することができたからだと思います。

ここまでお伝えしたことを短くまとめると、自己実現を求める衝動と無条件の愛情を求める衝動が満たされないとき、私たちは深く傷つき、そのことから「もう傷つきたくない」という、変化を怖れる衝動が強くなる、ということです。

しかし、その傷つきたくない、変化したくない、という固い心のあり方に変化をもたらす重要な衝動があります。それは、「自分を表現したい」と求める衝動であり、それは心理療法が依っている重要な衝動です。そこで、次の章でその衝動について詳しく学びましょう。

第四章　自分を表現したい、と求める衝動

1　男も女もおしゃべりが好き

私はかつて、繁華街にある心療内科医院で心理職として働いていました。駅から、大通りを一本入った路地道を通って医院へ行くのですが、その通りは、両側に居酒屋がズラーっと並んでいる通りでした。医院の勤務を終えてその通りを歩くと、どのお店でもスーツ姿のサラリーマンたちが、ビールや酒を飲みながらワイワイ、ガヤガヤとしゃべっています。男たちはみな延々とおしゃべりをしていました。

また、私はオシャレなカフェが好きで、一人でよくランチに入ります。お店を見渡すと周りはほとんどが女性で、彼女たちはみんなおしゃべりをしています。私がお店に入る前からしゃべっており、私がパスタを食べているときもしゃべり続け、デザートとコーヒーをいただいているときもしゃべり続けます。きっと私が店を出たあともしゃべり続けているでしょう。

2　表現を求める衝動の強烈さ

このように、私たちは気の許せる相手には自分のことを話したいものです。また、自分の考えや感

情を表現する方法は、話すことだけではありません。絵を描くこと、写真を撮ること、歌を作ること、歌うこと、イーメールを送ること、詩や日記を書くこと、ファッション、髪型、化粧、一切の創作的な活動、それらはすべて自己表現の方法です。

自己表現の欲求がいかに強烈であるかを実感するために、想像してみてください。今から明日のこの時刻まで二四時間、一切あなたを表現してはいけないとしたら、どう感じるでしょう。まったく口を利いてはいけないし、何かを書いてもいけないし、イーメールも、一切の創作的なこともできません。服はユニフォームのようなものを着せられ、髪型は指定されたものに勝手に変えられます。もしそうなったら、耐えがたいほど苦痛なことでしょう。

3　非行少年が話さないのは、傷ついているから

「私は高校で生徒指導をしています。問題を起こした生徒を指導室に呼び出して、私は優しく話を聞こうとするのに、彼らは反抗的な態度で、目も合わせず、ふてくされた顔で下を向いて腕を組んだり脚を組んだりして黙ります。古宮先生は、人間はみんな自分のことを話したいものだ、とおっしゃいますが、彼らは絶対に話そうとしません」

こう反論する高校の先生がいました。なぜ、呼び出しを受けた非行生徒は先生に話をしようとしないのでしょうか？　非行少年たちには、自分のことを表現したいと求める衝動はないのでしょうか？

もちろん、そうではありません。非行少年・少女たちはきっと、（親や教師など）大切な大人に本音を話したのにそれが分かってもらえず、否定されたり批判されたりして傷ついたのだと思います。

または、他の人が本音を話して批判された場面を見て怖くなり、「本音を話すときっと相手はぼくを拒絶する。だから絶対に本音はさないぞ！」と決めたのかもしれません。また、そのような非行少年は、どれほどまで強く先生に対して不信感と怒りを感じているかを分かってほしくて、そのことを反抗的でふてくされた態度によって伝えている、とも言えるでしょう。

4　話すことがない、という抵抗

私たち誰もが持つ、「自分のことを分かってほしい」という気持ちは、第二章でお伝えした「無条件の愛情を求める衝動」の一つの表れであり、私たちは、自分のことを分かってくれる人には本音を言いたいものです。

ですから、たとえば来談者が「話すことがありません」、「何を話せばいいかわかりません」と言うときは、あなたへの不信感と警戒心が強いときです。また、話す内容をあらかじめ考えて来るのも同じことです。何について話すかを決めるということは、何について話さないかを決めることでもあるからです。

そのように、話す内容が自由連想的に次々と出てこない来談者は、本当に語りたい大切なことを自由に語れてはおらず、何かを語っているにしても、表層的なことをおしゃべりしているのです。

5　しゃべり続ける、という抵抗

もっとも反対に、来談者によっては一方的にしゃべり続けて、次々と違うトピックへと移って行くこともよくあります。それも抵抗の表れです(5)。と言うのは、何か一つのことについてじっくり語ったりしたら、それに関連する苦しい感情が湧いて来そうになって耐えられないからです。そのため、どの感情も強くは感じないで済むよう、彼らは次から次へとトピックを変え、生々しい感情が伴わない表層的なおしゃべりに留めておかざるを得ないのです。

6　教育分析です、という抵抗

また、「教育分析を受けるために来ました」、とか「自分のことを知るために来ました」のような理由で心理療法を始める人がいますが、それも抵抗の表れだと思います。つまりそれは、「私は〝本当の〟セラピーを受けるのではなく、あくまでトレーニングです」、とか「私には悩み事はありません。自分を知りたいだけです」と言っているのであり、それは「〝本当の〟セラピーを受けること、本当の悩み事に直面することを避けたい」、もしくは「心理療法家から異常な人だとか弱い人だと思われたくない」という抵抗の表現でしょう。

ここまでの第一部では、私たちの心の成りたちについての一つの理解の仕方をお伝えしてきました。では、その理解をもとにすると、心理療法をどのようにおこなえば良いのでしょうか？　次の第二部でそのことについて詳しく考えてゆきます。

（5）「抵抗」とは、来談者が何かについてわざと「話さないぞ」と決めることを指すだけではなく、何らかの感情をフルに感じることを避ける目的で、特定の内容を無意識的に避けることを指します。来談者が自由に連想を広げたり深めたりできないとき、「抵抗が働いている」と考えます。

第二部　心理療法の基本

第五章　傾聴を主とする心理療法について

1　基本的な考え方

来談者は、心の傷を癒したいと願い、また、生きることの負担を軽くしたいと願って心理療法家のもとを訪れます。そして、その傷つき・痛みを癒したり、生きる重荷を手放す働きをするのが、いのちの力である自己実現の力であり、それはすなわち心の自己治癒力でもあります。

その自己治癒力が発揮されるために必要な条件とは、私たちの基本的な衝動である、無条件の愛情を求める衝動と、表現を求める衝動が高い程度に満たされる人間関係です。そして、そういう人間関係を提供するのが心理療法です。

つまり来談者は、心理療法家から「自分のことを自分の身になって理解され、ありのままの自分を無条件に受け容れられた」と実感するにつれ、自分の感情と考えをさらに表現したくなります。そして、表現されたことをさらに深く正しく共感的に理解されるとき、心の自己治癒力が働き出します。その過程を通して、心の痛みと矛盾が徐々に解決されてゆくのです。そのことをカール・ロジャースは、「パーソナリティ変容の必要かつ十分条件」として理論化しました（Rogers, 1957）。

私が実践する心理療法は、このように傾聴を主とする心理療法です。ここからは、その心理療法をおこなうときのポイントを詳しくお伝えしてゆきます。

2　心理療法において大切なこと

(1)　心理療法家は、あたかも自分のことのようにありありと想像しながら聴くこと

来談者の話を聴くときに大切なことは、できるだけ彼・彼女の思いや分かってほしいことを、心理療法家が「あたかも自分のことのように」ありあり、ひしひしと想像して感じながら、聴くことです。それができていればいるほど、来談者は、自分のことが分かってもらえるので、表現したい衝動がむくむくと湧いてきて、正直な思いをさらに深く吟味しながら表現してゆくことができます。

反対に、心理療法家が来談者の気持ちをひしひし、ありありと理解することなく漫然と聞いていたり、表層的に聞いていたり、形式的にオウム返しをしながら聞いているだけだと、来談者には何となくそれが伝わります。ですから心理療法家を信頼できませんし、会話も、どこか形式的だったり不自然に感じられます。すると来談者は正直な気持ちや思いを自由に話すことができず、対話は深まりません。

(2)　来談者のそのままのあり方を尊重し受け入れること

①　自分への縛りが緩むほど、ラクになる

私たちの本来の自分らしさ、たくましさ、しなやかさが輝き出すためには、自分自身に正直になることが必要です。でも私たちは誰でも程度の差はあれ、「こんなことを思ってはいけない」、「こうでなければならない」などの観念によって自分を縛り、不自由になっています。そんな観念は数限りな

くあるでしょう。

「人を大切にしなければならない」、「怒ったり泣いたりするのはみっともない」、「おしとやかでなければならない」、「勤勉でなければならない」、「勤勉すぎるのは良くない。遊びも知っている人間でなければつまらない」などなど。

私たちはそんな縛りから自由になればなるほど、ラクになり、生き生きしてきます。自分らしさが輝き出します。私たちがそうなるとき、「人を大切にしなければならない」から親切にするのではなく、人を思いやる気持ちが自然と湧いてきます。「努力することが立派なこと」だから努力するのではなく、自分で決めた目標を達成したいから、もっと上達したいから、もっと学びたいから、努力をします。そのときには、努力することに意味を感じます。「遊びもできないと人間としてつまらない」から遊ぶのではなく、楽しいことが好きだから遊ぶし、休息が必要なときは休みたくなるので、その自然な欲求にしたがって休みます。

私たちは本来の自然な自分に開かれると、平和と調和を好み、人と仲良くなりたいと願い、自分の可能性を伸ばし実現したくなります。傾聴による心理療法の基盤には、このように、人間の本質は成長を求め、善良で社会的である、という信頼があります（Rogers, 1951）。

②　自分らしくラクになるほど、協調的で発展的な私たちの本質があらわれる

しかし私たちの周りには、人が人を傷つけたり、人間関係の調和を乱したり、人から心の壁を作ってすなおに交流できなかったり、自分や他人を心理的に縛りつけたり、怠惰に生きたり、そんな例がいっぱいです。それらは私たちの本来のすがたではなく、抑えつけられたり、縛られたり、心に痛み

を負ったりしているためです。

そして、私たちがさまざまな観念や価値観の縛りから自由になり、より生き生きと自分らしく生きられるようになるためには、今のまま、ありのままの自分をそのまま無条件に尊重され受け容れられることが大切です。

たとえば、私たちの心の中にある、自分自身や他人を攻撃したりおとしめたりする自分、怠惰な自分、冷酷な自分。そんなあり方・生き方をせざるを得ない自分のことを正直に語り表現しても、心理療法家から「変えよう」とか「直そう」などとされることなく、そのまま、ありのままで理解され、受け容れられ、そんな自分を無条件で尊重される。そのとき、私たちは自分にすなおになります。そしてもっと本音を語り表現できるようになります。そして本音を十分に語りつくせるとき、協調的で社会的で成長への意欲に満ちた自分が現れ、育ちはじめます。

③　受容とは褒めることではない

ここで、よく誤解されることがらについてお伝えします。多くの初学者の人々が、「受容」や「無条件の尊重」などいかにも優しそうで温かそうな言葉を聞くと、「あなたはよくがんばっています」と来談者を褒めたり良い評価を伝えたりすることだと誤解します。しかしそれは違います。褒めるということは援助者の価値判断が入っており、援助者が来談者に向かって「あなたが言ったこと、したことは私の価値基準に合う良いことです」と伝えているということです。そしてそれは無条件の尊重と受容とは正反対のあり方です。何かをして褒められるということは、そうしなければ批判される可能性が生まれるということです。

そんな関係性では、来談者はしばしば良い来談者を演じ、心理療法家が喜びそうなことを言うようになります。それでは来談者が真に彼・彼女らしくなる治療的変化は起きません。

傾聴による心理療法の対話においては、来談者が「心理療法家から非難されることもなければ褒められることもない、良く評価されることもなければ悪く評価されることもない。外側から判断されることは決してない。ただ何を感じ何を話しても、自分のことを親身になって理解し受け容れてくれる」と高い程度に感じられる安全さが大切です。来談者は、心理療法家との関係の中でその感覚を感じることができるほど、自分自身のことをよりすなおに見て、感じられるようになってゆきます。

④ 症状を理解し、受け容れることの大切さ

来談者のあり方を無条件に受け容れる、ということの中には、彼・彼女がなぜ心理的症状に苦しまざるを得ないかを理解し、症状に苦しむ彼・彼女をそのまま受け容れる、ということが含まれます。つまり、症状を消そうとか、軽くしようという意図を心理療法家が持たないことが、来談者を無条件に受け容れ尊重する、ということの大切な一部だと思います。

これは逆説的です。来談者は、症状の苦しみから逃れたくて援助者のもとに来るのですから。そして、彼・彼女が苦しみから自由になり、より活き活きと自己実現して意味のある人生を生きるよう援助ができてこそ、専門家の存在する意味があるのですから。

しかし、私たちが心理療法家として「来談者の症状を治そう、消そう、軽くしよう」とすればするほど、来談者にとって私たちとの関係は疎外的になると思います。なぜなら来談者の身になれば、症状をもたざるを得ない苦しみが理解されず、「うつのあなたではいけない」、「リストカットをするあ

なたは受け容れられない」、「もっと自分自身のことを好きにならないといけない」というようなメッセージが伝わるからです。これでは来談者は安心して防衛のカラを取り去ることができなくなります。

ですから私たちが心理療法家としておこなうことは、症状を消そうとすることでも軽くしようとすることでもなく、来談者のことを、症状の苦しみも含めて共感的に理解し、受容的な思いで受け止めることです。それが高い程度にできるほど、来談者にとって心理療法家との関係は理解的で安全なものになり、その関係こそが、来談者がより本来の自分らしくなり、心の自己治癒力が働き出す関係なのです。

そして、心理療法家が症状に苦しむ来談者をそのまま受け容れるためには次のことを知っておく必要があると思います。それは、来談者はうつ、自己嫌悪感、劣等感、強迫症状、リストカットなどの主訴があまりに苦しいので、それらの症状を取り去ってほしいと願って心理療法家のもとを訪れるのですが、実は、彼らは症状を必要としているということです。そのことについては、このあと本書の第三部で症状のメカニズムについて学びながら、理解を深めてゆくことにします。

(3) 心理療法家自身が自分自身の心にすなおで、開かれていること

① 心理療法家の心にある未解決の心のしんどさが、援助をさまたげる

ここまでお伝えしてきた、心理療法家が「来談者の思いをあたかも自分の経験であるかのようにありありと理解すること」「来談者を無条件で受け入れ尊重すること」をしようとするとき、心理療法家自身の人としてのあり方が問われます。

心理療法家自身の心にまだ癒せていない痛みがある程度に応じて、来談者の似たような痛みについ

て〝あたかも来談者であるかのように〟理解することはできません。

たとえば、来談者が悲しいできごとや気持ちを話しているのを聞いて、心理療法家が悲しくて落ち込んだり、涙が止まらなかったりすることがあるかもしれません。また、来談者が誰かに腹が立っていることについて話すのを聞くと、心理療法家までが「なんてひどい人間だ」と怒り出したりたりすることもあるかもしれません。それは、心理療法家が、来談者のことを「あたかも来談者であるかのように」理解しているのではなく、心理療法家自身の心の底にあってまだ癒えていない傷が痛みだしているのだと思います。

または、心理療法家がそのように自分の心の痛みに触れることが怖いため、気づかないうちに心を固くしたり、来談者と距離を取ってしまったりして、話を聞いてもあまり何も感じなかったり、来談者の言うことがピンと来なかったりすることもあります。また、心理療法家が来談者にイライラしたり怒ったり批判的な気持ちになったりして、来談者を傷つけるようなことを言ったり説教したりすることもあります。

心理療法家が、来談者のことを一人の独立した人間として尊重し、彼・彼女の感じていること、考えていること、伝えたいことをあたかも彼・彼女のようにひしひしと、ありありと感じて理解する、という営みができるには、心理療法家が、人の痛み、苦しみに共感できると同時に、それに溺れてしまわない独立した自分自身が必要です。そしてそうあるために必要なことは、「強くなろう」と意志の力でがんばって心を固くすることではなく、心理療法を受け続けることによって、未解決の心の葛藤を高い程度に解決することだと思います。

(4) 心理療法家の理解的で受容的な態度が、来談者に伝わること

① 現在が、過去の傷つきに色づけされる

私たちの見方や感じ方は過去の経験によって色づけされています。とくに、幼いころに両親など重要な人から、無条件に受け容れられて十分に愛されたという実感が少ないほど、私たちはそのときに感じた孤独感、空虚感、不安、怖れ、怒り、愛情を求めてやまない欲求、などの気持ちを今の周囲の人たちに向けてしまいます。（それが転移反応です）

ところが、自分ではそんなことをしている事実になかなか気づきません。たとえば幼いころに愛情と安心のあまり感じられない家庭環境で育った人は、その心の痛みが癒されるまでは、人に過剰に甘えたり、またはそうなることを怖れて人に心を閉ざして孤独になったり、「人を助けよう、救おう」とするあまり自分を犠牲にしたり自分を見失ったりするなど、人との距離がとりづらくなりがちです。

しかし本人は、「私が誰かに甘えたり依存的になったりするのは、その相手を愛しているからだ」と思っているし、「他人から壁を作るのは、相手が信頼できない人間だからだ」と思っているし、「人を救うのは、その人には私の助けが必要だからだ」と思っています。そして、それらの心の動きが自分自身の未解決の心の痛みから来るんだ、ということは分かっていません。たとえ心理学の本を読んだりしてそのことが理屈では分かったとしても、本当に実感として理解しているわけではないので、行動や感じ方は変わりません。

私たちは誰でも、程度の差はあれそのような心の痛みを抱えているものです。そして、私たちが過去の傷つきに根差した「人間なんて信用できない」という固い信念を持っているほど、心理療法家が

私たちのまえに理解的で共感的な気持ちで座っていても、私たちにはそのことが信じられません。そのため反抗的な気持ちになったり、または心理療法家を信頼しようと意識的に努力をしても表層的な話しかできなかったり、話す内容が浮かばなかったりします。

反対に、私たちの心の現実的な知覚の部分がよく働いているほど、私たちは、心理療法家の共感的で受容的な態度をより容易に感じることができるので、心を開いて話すことができます。

②　人を信頼したい、人と仲良くつながりたい、という自然な欲求

このように、いまだに癒して手放せていない心の痛みの部分は「人を信頼するな！　また傷つけられるぞ」と私たちに警告します。しかしそれと同時に、「人を信じたい、心の壁を取りさって人とつながりたい、仲良くなりたい」、という自然な気持ちも私たちにはあります。そして、受容的な心理療法家と交流するとき、心の理性的で現実的な部分（傷ついていない健康な部分）が、この人なら信頼できる、と見抜きます。

傾聴することが人の支えになり助けになるのは、心理療法家の共感的で受容的な態度が、そのようにして高い程度に来談者に伝わるからです。

③　来談者に起きる変化

心理療法の過程が進むにつれて、来談者にはどんな変化が起きるでしょう。その一つとして、主訴の苦しみが軽減されることが挙げられます。しかしそれは、来談者に生じる広範囲な変化の一つに過ぎません。来談者によって、心理療法がどう影響し、どう変化してゆくかはさまざまに異なりますが、多く起きる変化の一部として、次のようなことがあるでしょう。

（あ）自分のことが好きだと思えないあり方から、自分をそのままでより好きだと感じ、受け容れるようになります。

（い）自分の気持ちや感覚が信頼できず他人に頼るあり方から、自分の正直な気持ち・感覚をより信頼するようになります。

（う）他人から悪く思われるのではないか、という不安が減るので、人との関係がより自由でラクになります。

（え）心の痛み、苦しみ、憎しみ、寂しさの部分から他人に反応することが減り、穏やかさ、寛容さ、共感的理解から他人に反応することが増えるので、人間関係が良くなります。

（お）現実をより客観的に見るゆとりができます。それまでは、物事や他人について悲観的に、悪いように受けとる傾向があった人も、より現実に即した見方、感じ方をするようになります。

（か）考え方がより柔軟になります。「白か黒か」と考えがちだった人が、「白も黒も両方だなあ」と考えるようになったり、「絶対にこれしかダメだ」と考える傾向が減り、「こういう見方、感じ方、方法もあるなあ」と、異なる側面を見ることができるようになります。

（き）生きること自体がラクに感じられるようになります。

（く）自発性とやる気が湧いてきます。そして、もっと良い人生にしよう、とする動きが起きてきます。

④　傾聴するには来談者についての理解が必要

このような変化が生じるためには、心理療法家の共感的で受容的な態度が来談者に伝わることが必

要ですが、それが起きるには心理療法家の傾聴力が必要です。そして傾聴力は、
（ⅰ）来談者の個人的で主観的な経験をできるだけその人の身になって共感的に理解する能力
（ⅱ）共感的理解を伝える言語力
（ⅲ）心理療法家が来談者を信頼し、心も体も緩めてそこにいられること
の三つからなり、心理療法家としての実力をつけるには、これら三つの特長を伸ばすことが必要だと思います。

ここで、「（ⅰ）来談者の個人的で主観的な経験をできるだけその人の身になって共感的に理解する能力」について詳しく検討しましょう。

心理療法家の流派を問わず、来談者が心理療法家の共感や受容を実感することが、心理療法が成功するための重要な要因であることは、多くの実証的研究によって明らかになっています（Fiedler, 1950; Miller, Duncan, Hubble, 1997; Watson, & McMullen, 2005など）。そして傾聴とは、来談者を深く共感的に理解しながら話を聴くことです。

それゆえ、理解が足りないまま単に受け身的に聞いたり傾聴テクニックを使ったりしても、援助にはなりません。つまり、傾聴とは、オーム返しをしたり、「感情の反映」、「内容の要約」などテクニックを使うことではありません。それらのテクニックは大切ですが、決して、テクニックを上手に使うことが傾聴ではないのです。

ですから、来談者の苦しみを深く正確に理解することなく、「悲しいんですね」、「それはたいへんですね」などの言葉を、いかにも〝共感的〟な表情や声のトーンで言っても、心理療法にはなりませ

ん。同様に、来談者の話した内容を形式的、表層的に繰り返したり要約して返したりしても、援助になりません。

カール・ロジャースは、来談者が語った言葉を繰り返す、などの技法を使うことが人間性中心療法であると一部に誤解された事実を残念に思っていました。そして、技法にこだわると「真に来談者といっしょにいるのではなく、機械的になってしまう」、そして「カウンセリング中に何を言うかは大切だが、カウンセリング関係の中でのカウンセラーのあり方のほうがずっと重要だ」とインタビューで語っています（Heppner, Rogers, & Lee, 1990; p.56; 邦訳は古宮による）。

彼はまた、著書〝Client-Centered Therapy〟（邦訳『クライアント中心療法』岩崎学術出版社）において、単に受身的なカウンセラーでは、「来談者の多くが援助を得られず落胆するとともに、何も提供するものを持たないカウンセラーに対して非常に不愉快な気持ちでカウンセリング室を後にするでしょう（Rogers, 1951; p.27; 邦訳は古宮による）」と述べています。

私がおこなっている傾聴を主とする心理療法においては、来談者の経験をできるだけ共感的に理解しながら聴くことがとても重要です。**心理療法家がおこなうことは、「来談者が表現していること、分かってほしいと願っている重要なことを、できるだけ来談者の身になって、ひしひし、ありありと想像し、その理解を返すこと」です。**

それは森岡正芳氏が「セラピストはクライエントの世界にできるだけ入り、そこから見えてくるものをともにしようとする。すると（クライエントの気持ちが）同時に感じられる。セラピストはその感じを映し返すように言葉にする」（二〇〇五、一一〇―一一一頁）と述べていることでしょう。

そしてそのとき、来談者の語る内容をただ繰り返したり要約して返したりするのではなく、「常に変わりつつあるクライエントの体験過程の特徴、質、強度に注意深く波長を合わせ……クライエントの伝えようとすることの『中核』か、最も際立った側面が何であるかという直感的な感じをもとにして（グリーンバーグら 二〇〇六、九二頁）」、心理療法家が理解していることを言葉にして伝えようとします。

そのことは、来談者が「婚約を破棄されて悲しいです」と語るときも、「家に電話して、ぼくは学校に行ける状態じゃない、と母を説得してください」と求めるときも、「カウンセリングって、どんなことを話せばいいんですか？」と質問をするときも、すべて同じです。

繰り返します。私の見方では、**心理療法家がおこなうことは、「来談者が表現していること、分かってほしいと願っている重要なことを、できるだけ来談者の身になって、ひしひし、ありありと想像し、その理解を返すこと」**です。

では、次の第三部からは、「（ｉ）来談者の個人的で主観的な経験をできるだけその人の身になって共感的に理解する能力」、を高める一助となるよう、来談者の苦しみを症状別に考察してゆきます。なぜどのようなメカニズムで症状が発生するのかを理解してこそ、来談者の苦しみを落ち着いて聴き、彼らを理解することができるでしょう。

第三部　症状発生のメカニズム

第六章　理論について

ここからは、人間の心の成り立ちに関する今までの考察を踏まえて、心理療法家が出会うことの多い神経症症状のいくつかについて、それらが何が原因となってどのように生まれるのかを明らかにしてゆきます。

1　理論とは色メガネである

「人を色メガネで見てはいけない」と言われることがあります。しかし心理療法の実践に当たっては、理論という色メガネがあって初めて、物事が意味を持って見えます。その点で、理論とは3Ｄ映像を見るための専用メガネのようなものです。メガネ無しで画面を見ても、ぼやっとした絵があるだけですが、専用メガネをかけると、それが臨場感あふれる立体映像になります。

心理療法においても、理論というメガネがなければ、来談者の言ったことと心理療法家の言ったことが、ただ雑多にそこにあるだけで、それらの間には有機的なつながりも意味も見出せません。それを理論というメガネを通して見るときに、そこに意味づけができます。

2　神経症の症状が生じる根本原因

本書ではここまで、人間の心の成りたちについての理論をお伝えしてきました。それはつまり、私の色メガネをお伝えした、ということです。そして、その色メガネを通して見るとき、神経症の症状が生まれるメカニズムの根本は、人間が共通して根源的に持っている、自己実現を求める衝動と、親の無条件の愛情を求める衝動が満たされないことによる心の痛み、傷つきであるように見えます。しかも私たちの基本的なものの見方、感じ方、行動の仕方に影響するほどの深い傷つきは、成人してから経験した傷つきよりも、幼少期の傷つきであるように見えます。

3　のちの人生で経験した心の傷つきについて

私たちは周囲のすべての人々の影響を受けていますから、心の痛み、傷つきは幼少期における親子関係の中で経験するだけにはとどまりません。幼少期以降のさまざまな人々との交流においても、私たちは多くの喜びや傷つきを経験しますし、その経験は私たちのその後の感じ方、考え方、行動の仕方に影響を与えます。そして心理療法において、来談者はそれら友人関係、職場の関係などにおいて受けた最近の心の痛みについて多く語ります。

しかし、私たちの現在の生活で起きた出来事が、私たちに立ち直りがたいショックや、激しい苦しみや、私たちの感じ方、考え方、生き方に永続的な影響を与えるときには、多くの場合、その出来事が私たちの幼いころからの心の傷や痛みに関連していると思います。

4　好きな人にフラれて、もう恋愛ができない、と訴える来談者

たとえば、好きな異性にフラれたために臆病になり、新しい恋愛ができなくなった、と訴える来談者を例に取りましょう。辛い思いをすれば臆病になるのは自然なことでしょう。しかし、フラれた悲しみのために本当に恋愛ができなくなったり、異性と親密になることが怖くて新しい恋愛関係にコミットできなくなったりするなら、それが、最近フラれたせいだけであるとは、私にはとても思えません。なぜなら、本当にそれだけのことであれば、自分をフッた特定の人のことを信頼しなくなるだけで済むからです。

しかし、ある一人からフラれたからといって世の中の異性たちが信じられなくなるとすれば、それは極端で非現実的なあり方です。そしてそんな反応が起きるのは、恋愛でフラれた最近の出来事によって、心の深くにずっとあった、重要な誰かから幼少期に裏切られた痛みと苦悩がよみがえったからだろうと思います。

世の中と自分自身についての基本的な見方を形成するのは幼少期であり、そのころに、親から愛されない激しい恐怖と寂しさを経験すれば、「自分は愛される価値のない人間だし、人は私を拒否するものだ」という基本的な認識（色メガネ）ができます。そしてその認識を持ったまま生きてゆくと、自分を拒否するような人と縁ができるし、自分では気づかないうちに拒否されるような言動をしてしまいます。そして実際に拒否されたときには、心の奥にずっとあった、幼ない自分が親から拒絶されたときの激しい恐怖と寂しさが突き上げて来るかもしれません。

それゆえ、「異性というものが信じられない」といった極端な思いになるのは、幼少期に形成した

〝人は私を拒否するものだ〟という基本的な世界観が、フラれた出来事によって刺激され表面化したからだと考えられるでしょう。

5　私の経験から

それゆえ、私の心理療法家としての経験では、来談者の現在の苦しみは、そのほとんどが幼少期の辛い出来事から持ち越されたものに深く関わっています。

私が来談者として心理療法を受けてきた経験でも、現在の生活で感じる心の痛みや苦しみは、子どものころに親との関係において経験した感情や、親に関係する出来事から作った信念と根本的に結びついている事実が、心理療法の過程で明らかになってゆくことが普通です。

たとえば、私が現在の人間関係の中で感じている怒りや悲しみなどの感情について、それは、子どものころに親との関係の中で感じた怒りや悲しみの再現であり、それゆえに、今の現実に照らし合わせると非現実的に強い怒りや悲しみになっているのだ、ということが分かってくることがよくあります。

また、幼いころに親との間で悲しい出来事や恐ろしい出来事があった際に密かに決意したことを、今でもかたくなに繰り返している事実が明らかになることもあります。密かに決意したこととは、たとえば「あれが欲しい、これが欲しい、と要求するとお母ちゃんを困らせるから、何もほしがってはいけない」、「強い男の子でないとお父ちゃんが認めてくれないから、いつも強いフリをしないといけない」などです。しかし私は、心理療法の過程が進むまでは、自分がそんな決意をしたことにさえ気づいていませんでしたし、しかも子どものときのそんな決意を今も持ち続けながら生きていることにはいっそう気づいていませんでした。

6　なぜ、人によって症状が異なるのか

では、症状が生まれる基本的な原因が、人間が共通して根源的に持っている、自己実現を求める衝動と、親の無条件の愛情を求める衝動が満たされないことによる心の痛み、傷つきであるならば、なぜ原因は共通しているのに、症状にはさまざまな種類があるのでしょう。

私はその理由は、個人の心の痛み、傷つきかたを詳しく理解してゆくと、人によって傷つきかたに違いがあること、痛みの深さ、激しさが異なっていること、そして、その痛み、傷つきを感じないように自分を守ろうとする防衛の方法が異なっていることだと思います。

そして、心の痛み、傷つきを癒し変容する心理療法という援助に当たって、その営みを進める原動力は、

(一)　自己実現を求める衝動、つまり自己治癒力であり、また、

(二)　自分のことを分かって受け容れてほしい、という無条件の愛を求める衝動であり、さらには、

(三)　自分のことを表現したいと求める衝動、

だと思います。

では次の第七章から、「症状が生まれるメカニズム」および「心理療法のポイント」をお伝えして

ゆきます。しかしそれらは、あくまで私の色メガネを通して見えてくる仮説であり、今後、修正・充実の対象になるべきものですし、ときには棄却されることもあるかもしれません。そのことをお断りしておきます。

最初に取り上げる症状は、激しい孤独感です。先ほどお伝えしたように、私の理論的な枠組みでは、親からの無条件の愛情を求める衝動が満たされない心の痛み・傷つきが、神経症的な症状が形成される重要な原因であり、私の心理療法の経験では、すべての来談者がその激しい孤独感に苦悩していますす（または、その孤独の苦悩を感じないようにしようとして、さまざまな症状が生まれています）。そこで次の章で、人の激しい孤独感の苦しみについて、理解と考察を深めてゆきましょう。

第七章　激しい孤独感

1　寂しい女子大生

ある女子大生は美人でオシャレで性格も明るく、おしゃべりで、いつも人の輪の中にいます。彼女はいかにも大学生活をエンジョイしながら、楽しい毎日を送っているように見えます。

ところが、彼女は夜自分の部屋で一人になると、しばしば強烈な孤独感に襲われる、と言います。

「夜中にさびしくて目が覚めるんです。そんなときは、もしこのまま眠りについて朝起きたら、世界で私が一人ぼっちになっているんじゃないか、という気がして、怖くて眠れなくなるんです」

彼女はそう語りました。

大学の学生相談室で働く心理療法家であれば、キャンパスではおしゃれをして友だちと楽しそうにしている学生たちのなかの相当数が、内心は非現実的な孤独感に深くさいなまれて過ごしていることを知っているでしょう。

2　親からの無条件の愛の欠如

そんな人の孤独感の源は、親から無条件に温かく愛された、という実感の乏しさだと思います。親から愛情を受けることは、子どもにとっては生存してゆくために必須のことです。ですから子どもが親の愛情を失ったとき、または失いそうだと感じたとき、それは死の恐怖の体験ですし、その強烈な恐怖や寂しさの記憶は子どもの中に根強く残り続けます。なぜなら、それらの感情があるからこそ、親の愛情のはく奪を、次回からはなんとしても阻止しようとして子どもは全力を出すからです。親の愛を失いそうな前兆が再びあれば、決してそれが現実にならないようあらゆる方法を使って予防しなければなりません。

それゆえ、幼少期に親から拒否された、とか愛情をもらえなかった、と感じた人は、その寂しさ、悲しさ、怒りを長く心に抱えて生きてゆくことになります。

この世でもっとも無条件的な愛は、親の愛でしょう。親は子どものためにたいへん多くの犠牲を払って世話をするにもかかわらず、子どもはそれに対して何の対価も支払いません。

ところが、もしもその親でさえ自分のことを無条件で愛してはくれなかったとすれば、この世界でいったい誰が自分を愛してくれる、と信じられるでしょう。ですから、親から無条件に愛された、という実感の薄い人ほど、他人と一緒にいても「どうせこの人も、本当のぼく・私を知ったら拒絶するだろう（嫌いになるだろう、軽蔑するだろう、怒るだろう、など）」と感じます。

3　転　移

このように、過去の重要な他者（親など）に対して抱いた感情、思考、行動、防衛方法のパターンを現在の人間関係において繰り返す反応を「転移」と呼びます。そして転移には、愛情と関心を求めたり、性的な関係を求めたり、理想的な人間だとあがめたりする陽性転移と、その反対に、嫌ったり、怖れたり、無視したり、軽蔑したり、嫌悪感を感じたりする陰性転移とに分けることができます。

私たちの他人への反応にはすべて、過去の反応を現在に持ち越した転移の側面と、今の現実を正しく認識している現実的な側面の、両方があります。つまり、転移とは決して「弱い人間」や「異常な人間」が起こす反応ではなく、私たち誰もが持つ人間的な反応です。また、転移は人間に対してだけではなく、国家や学校などの集団に対してや、ペットなど動物に対しても起こします（Greenson, 1967）。

転移は心理療法において非常に重要な意味を持つ現象であり、転移への対処の良し悪しが、心理療法の成功と失敗を左右するもっとも重要な要因です。そこで本書ではこれから何度も取り上げてゆきます。

4　愛情がほしいがゆえに、求めることができない

話を戻しましょう。

「親は自分のことを無条件には愛してくれない」、と感じて育った傷つきの深く激しい人ほど、その寂しさを埋めようとして他人の愛情と関心を強く求めます。しかしそれと同時に、「他人は自分に対して親のように拒否的だ」、という基本的な感覚を持っています。そのために、自分から他人の愛情や関心を求めることができない人が多くいます。それはちょうど、好意を寄せている異性に緊張と不安のために話しかけられない、という状態と同じです。愛されない可能性が怖すぎて、愛を求めるこ

とができないのです。

5　陽性転移

親から無条件に愛された、という実感が乏しく育った人ほど、そのことから来る寂しさ、恐怖、悲しさを抱えているため、周囲の人々に対して激しい転移を起こしやすい状態にあります。激しい転移反応のもっとも分かりやすい例の一つは、恋人や配偶者の愛情と関心を求める強烈な執着と、その相手が自分の要求を満たさないときの激しい怒り、憎しみ、攻撃です。

そういう人はしばしば、恋人や配偶者に対して、その人がいなければ生きてゆけないとか、自分は空っぽになってしまう、と強く感じます。それは相手の愛情や関心を強く求める依存的な陽性転移の一種であり、その源は、幼少期に親に対して感じた感情です。現実にはもう幼い子どもではありませんから、恋人を失っても何の問題もなく生きてゆけます。

また、恋人がいないと自分が空っぽになるように感じるのは、恋人といるあいだは、いつも心にある苦しい空虚感を一時的に埋めることができるのですが、恋人の関心を失ったとたん、それをふたたび感じてしまうからです。

とくに多くみられる陽性転移反応のもう一つの例として、上司や先生など目上の人や権威者からの承認や好意を強く求めてやまない気持ちがあります。また、すべての人から良く思われないと気が済まない、という反応も依存的な転移反応です。この反応については、のちほど対人恐怖の章でくわしくお伝えします。

6　転移は退行をともなっている

ところで、私はさきほど「依存的な転移反応」という言葉を使いました。しかし、「依存的」という表現はあまり適切なものではありません。と言うのは、転移は退行をともなっており、転移反応には、幼い子どもが親を激しく求めてやまない強い執着があるため、「依存的」という言葉のニュアンスでは弱すぎるからです。たとえば赤ん坊が母親から見捨てられると、ものすごい恐怖を感じて激しく泣き叫ぶでしょう。母親を強烈に求めているからです。

私たちが誰かに向けて甘えの転移反応を起こしたときの心の状態は、「依存的」というよりも、そのように赤ん坊がお母さんを求めて泣き叫ぶような、相手を強烈に求めてやまない激しい執着であることがしばしばあります。私たちの感情反応が転移であるというのは、そういうことを示しています。ですから来談者の転移反応を共感的に理解しようとするときには、彼・彼女のそれほどの強い執着と、それが満たされないときの激しい恐怖と怒りに思いをはせることが必要です。

なお、恋人に向けて、その人がいないと生きてゆけないかのように感じるのは、執着的な陽性転移の感情であるとともに、理想化転移の感情でもあります。つまり恋人に、自分の苦しみの原因を取り除き、苦しみから救ってくれる理想的な像を求めているのです。それは根本的には、自分を無条件に愛し、いつも温かい関心を向けてくれる理想の両親像を求める衝動から来るものです。

7　陰性転移

ところが、恋人がその理想化転移の欲求を満たさないときには激しい憎しみと攻撃心が生まれます。

それが陰性転移です。

本当は、恋人に求めているのは、幼いころにずっと欲しかったのに得られなかった、自分をいつも百パーセント受け容れて愛してくれる理想的な親の愛情です。ところが、現実の恋人は決して理想的な親ではなく、自分と同じように心の痛みも欲求も持っている人間ですから、その理想化転移の期待はかならず裏切られるときが来ます。そのとき、恋人に対して強い失望感、怒り、憎しみ、攻撃の感情が生じるのですが、本当はそれらの感情は、自分を無条件で十分に愛してくれなかった親に対する抑圧された怒り、憎しみ、攻撃が、恋人へと対象を向け変えて突出したものなのです。

それゆえ、親から無条件に愛されたという実感の乏しい人ほど、周囲の人々に向けてそのような執着の強い理想化された甘えの転移反応を強く、かつ頻繁に起こします。そしてその転移欲求が満たされないたびに、裏切られたとか、傷ついた、と感じる経験を繰り返さざるを得ません。そしてそのつど、人への怒り、憎しみ、不信感をさらに増幅させます。ですからそのような人にとって人間関係は、怒り、傷つき、寂しさ、不安などの苦しみの多いたいへんなものになります。

8　陽性転移と陰性転移は同時に存在する

このように、陽性転移と陰性転移はコインの裏表のようにかならず同時に存在します。ただ、そのどちらかだけが表面に出てもう一方は隠れていることが多いものです。そういう人の人間関係はジェットコースターのように浮き沈みの多い、そして葛藤の多い苦しいものになります。とくに恋愛関係・夫婦関係がそうなりがちです。または、そうなるのが怖いので、人に向けて感情的な愛着を抱かないよう壁を作り、本音は見せない表層的な付き合いだけをします。すると、人間関係も夫婦関係も、愛情も親密さも乏しいものになります。

陰性転移反応には、軽蔑心、不信感、警戒心、恐怖、嫌悪感などさまざまな感情があります。そしてそれらの感情のうち、抑圧された怒りや攻撃を容易に行動化するのが、いわゆる「クレーマー」と呼ばれる人たちです。次の項ではそのことについて考察しましょう。

9　担任に激怒するお母さん

小学生の男の子をもつお母さんが語ります。

「聞いてください！　息子の担任たら、ひどいんです！　先日ね、クラスの子どもたちを二人ひと組にして、一人が算数のドリルしているあいだ、もう一人に時間を計らせたんですって。うちの子どもは先に時間を計る役目になったんですけど、相手の子がドリルを終わったときに授業時間が終わっちゃって、それで、担任の先生ったら、うちの子らには『ドリルを家でやってきなさい』と言ったんです。だから宿題になったんですよ！　どうしてうちの子は宿題を増やされないといけないんです⁉　担任の先生の時間の使い方が下手だからって、うちの子はとんだとばっちりですよ！

それにね、うちの子が、友だちの椅子の上に靴を履いたまま乗ったことを担任の先生が責めて、それ以来、学校に行けなくなったんです！　指導が厳しすぎるんです。ドリルのことといい、何もうちの子を目の敵にすることはないのに！

担任に何度も電話をして抗議をしたんですけど、ラチがあかないんですよ。だから校長にも教頭にも電話や手紙で抗議をしたんですけど、担任を守るばっかりで……。教育委員会にも訴えているんですけど、担任をやめさせようとはしないんです。学校も教育委員会も、子どもを不登校にするような教師を放置しているんですよ！　私は子どものためにこんなにしているのに、学校も教育委員会もぜんぜん対応しないんです！

そんなこんなでね、先日ね、保護者の個人懇談会があって、私ね、腹が立つもんだから、教室の入り口に立ったまま中に入らずに『先生のことが信頼できません』と言ってやったんです！　当然でしょ⁉」

10　このお母さんの陽性転移と陰性転移

このお母さんの、担任の先生への激しい憤りという陰性転移感情の裏には、理想的な担任像を求める理想化転移が存在していることがうかがえます。たとえば、クラスの半数だけに追加の宿題を出したことは不公平なことかもしれませんが、このお母さんは、担任に対して、時間をいつもうまく使い、彼女の息子さんに決して不公平なことをしない完璧な教師であることを求めています。これが、陰性転移の裏に潜む陽性転移です。また、保護者懇談会で教室に入らず「先生のことが信頼できません」と言った行動にも、「私がどれほど傷ついているかを分かってほしい」という、担任の理解と愛情を求める陽性転移が見えます。

また、子どもの問題で相談に来る親の多くは、学校や担任を責めます。このお母さんもそうです。その背景には、「子どもに問題があるのは自分のせいではない」と信じたい気持ちがあるでしょう。

彼らが「担任が悪い」「学校が悪い」とかたくなに主張するのは、心のどこかで、「私が子どもを傷つけた」「うちの家庭に問題があって、子どもにひどく負担をかけている」というようなことを感じているのに、そのことに直面できないからかもしれません。

11　なぜこのお母さんはそこまで怒らざるを得ないのか

このお母さんは、息子さんが不利益を受けると、あたかも彼女自身が不利益を受けたように感じるようです。彼女は、「私は子どものためにこんなに言っている」と述べていますが、本当は子どものためではなく、彼女自身の心の痛みが喚起されたために、これほどまでに怒らざるを得ないのです。子どもの立場に立てば、母親が担任や校長先生、教頭先生、教育委員会に何度も抗議をしたり、保護者懇談の場で教室に入らずに「先生のことが信頼できません！」と言うなどの行動は、ひどく迷惑なことでしょう。

このお母さんは、自分自身の心の痛みが刺激されたので、子どもの気持ちを理解するゆとりを失っているのです。きっと彼女は幼いころに、親から「不当に扱われた」、「不公平に扱われた」、「気持ちを無視された」、などと感じる経験を繰り返し、そのことへの憎しみをいまだに癒して手放すことができないでいるのでしょう。彼女の子どものころの親子関係は悲劇的なものであり、彼女はかなりひどく傷つけられてきたのでしょう。そして彼女は、そのことの激しい悲しみと慢性的な深い孤独感に苦しみながら生きているでしょう。

このお母さんのような保護者の攻撃はときに、担任の先生を辞めさせようとしたり、先生の人生を潰してしまおうとしたりするほどの残忍さと執拗さを帯びることがあります。教師をしている人なら、恐らくそんな例を見聞きしたことがあるでしょう。その残忍な攻撃性は、本当はその保護者が自分の親に対して抱いているものですが、親に対する攻撃性は怖ろし過ぎて感じることができないのです。

では、深い孤独感を抱えて生きている人の心理療法にあたって、とくに何に留意すればよいでしょうか。次からはそれをお伝えします。

◎心理療法のポイント

(1)　来談者の孤独感に共感すること

激しい孤独感に苦しむ人の心理療法でまず大切なことは、彼らの深い孤独感をできるだけ彼・彼女の身になって想像し、その苦悩をともに味わおうとすることだと思います。

先にお伝えしたことですが、私の心理療法の経験では、すべての来談者が、親の無条件の愛情を十分に受けられなかった、という感覚と激しい孤独感の苦しみを抱えています。ですから、たとえ、始めのうちは主訴として孤独感について言及することのない来談者や、自分は親から愛されたと信じている来談者も、心理療法が進み、自分が本当に感じていることに開かれるにつれ、親からは無条件に安定した愛情を十分にもらえなかった、という実感とその苦悩が表面に表れてきます。ですから、この章でお伝えしていることは、すべての来談者の援助において重要なことです。

来談者の孤独感の苦悩に耳を傾けるとき、私がこの章で激しい孤独感の症状が生じるメカニズムとしてお伝えしていることを頭に置きながら聴くと、傾聴の助けになるでしょう。と言うのは、彼・彼女がなぜそこまでの孤独感を感じざるを得ないか、その症状のメカニズムを理解しなければ、彼らの孤独感は非現実的なため、共感的に理解することが困難だからです。

「そんなに寂しがらなくても、友だちも家族もいるのに」「そんなに寂しいなら、もっと自分から話しかければ友だちが増えるのに」などとしか思えないでしょう。すると、彼・彼女の深い孤独感と、それを感じながらもどうしようもできない苦しみに共感するよりも、アドバイスをしたくなるかもしれません。アドバイスによって問題が解決するなら、心理療法の専門家に相談に来るまえに自分の力や人からのアドバイスによって解決していたでしょう。

彼らは、誰といても寂しくてたまりません。それは、相手に対して、自分の欲求をすべて満たしてくれる非現実的な理想像を求めるがゆえに、それが何度も裏切られて辛いためです。また、そのことに心のどこかでうすうす気づいていますから、裏切られるのが怖くて心を開けません。それゆえ物理的には一緒にいても寂しさは消えないのです。

また、心の痛みの深く激しい来談者ほど、信頼できる友だちや仲間を作ろうとすることもなかなかできません。仲良しになろうとアプローチして拒絶されるという可能性が怖すぎるからです。

心理療法においては、来談者のその身動きできない苦しみを、できるだけ彼・彼女の身になってひしひし、ありありと共感的に理解しその理解を言葉で返すことが大切です。そのような心理療法のやり取りが、彼・彼女のサポートになります。

(2)　転移について理解すること

深い傷つきを持つ来談者ほど、心理療法の過程が進むにつれ激しい転移反応を起こします。その一つとして、非現実的で過剰な愛情欲求を心理療法家に向けることがあります。幼少期からの愛情飢餓の傷つきの激しい来談者ほど、そうなりがちです。セッションを延長してほしい、喫茶店で会ってほしい、慰めたり勇気づけたりしてほしい、職場や家族に電話をして説得してほしい、アドバイスがほしい、など。

しかし、それらのリクエストに応じてその通りにすればするほど、来談者の要求はどんどんエスカレートするでしょう。いくらしても満足せず、もっと、もっと、と求めるようになります。すると、してあげる側から見ると、まるで、いくら与えても満足せず際限なく求めて来る子どもを相手にしているかのように感じられます。

なぜそう感じられるかと言うと、愛情飢餓の状態にある子どもを相手にしているからです。つまり、そういう来談者は、幼少期に親から得ることができなかった関心と愛情を、心理療法家に求めているのです。しかし、心理療法家はその来談者が幼かったときの父親や母親ではありませんから、いくら要求通りにしても、来談者は満足できません。

そのうち心理療法家は、彼・彼女の際限なくエスカレートする要求に応えることができなくなってきます。それでやむなく来談者の要求を拒否すると、彼・彼女にとってそれは大きな拒絶体験になります。心理療法家が、援助関係の枠を破ってリクエストに応えていたのに、ある時から拒否するようになるわけで、来談者は、心理療法によってよけいに傷つく結果になるのです。

では、来談者を求める激しい陽性転移にどう対応すれば援助的になるのでしょうか。それについて考えてゆきましょう。

(3) 転移関係における新しい経験が、根本的な癒しと変容をもたらすことを理解すること

① 一般論と「いま - ここ」の語りの違い

来談者Aさんは次のように語ります。

A「私は人への依存心が強くて、そのくせ、人を信じないで疑いの目で見てしまうんです。そして、相手が私の言う通りにしてくれないと、すごく腹が立つんです」。

Aさんが語る内容は、あくまでも面接外のことについての一般論です。そういうことについて語る過程は必要ですし、その語りに心理療法家が理解的に耳を傾けることは大切なことですが、それと、次の来談者Bさんの発言を比べてみましょう。

B（心理療法家に腹を立てて）「先生はいつもそうして、面接の終わり時刻になったらすぐに終わろうとする！　先生にとって、私はただのビジネスの相手なんですね！　私のことを、本当に大切には全然思っていませんよね！」

Bさんのように、来談者が心理療法家に向けて「いま - ここ」で彼・彼女の怒りをありありと感じ、語り、それを理解され受け容れられる経験のほうが、Aさんのような、面接外の一般論について語って理解されることよりも、変容をうながすずっと強力な経験になります。

このように、激しい孤独感に苦しむ来談者の心理療法において根本的な変容をもたらすのは、来談者が、心理療法家に向けて生じた甘え、執着、怒り、軽蔑心などの転移感情をありありと感じ、語り、それを共感的に理解されることです。

② 心理療法の枠を守ることが大切

その過程が起きるために必要なことは、来談者がさまざまな要求をしたとき、心理療法の枠から踏み出すような要求には応じないで、あくまで枠を守りながら、彼・彼女の気持ちや考えを彼・彼女の身になってできるだけ共感的かつ受容的に理解し、その理解を共有しよう、という態度を維持することです。心理療法の実践において、ときには援助の枠を外す必要が出てくる場合はあるのですが、それはあくまで例外的なことですし、その例外をおこなう理由は、心理療法家の「嫌われたくない、怒りを向けられたくない」という神経症的なニーズによるのではなく、来談者のためであることが大切です。そして、どういうときにどういう形で枠を外すのか、外さないのかは、能力の高い心理療法家の個人スーパービジョンの場で話し合いながら学んでゆくことだと思います。

ともかく、例外的な場合を除いて、心理療法家は治療関係の枠を守る必要があります。そのときの心理療法家の態度は、来談者にとって「受容的」とか「共感的」などの言葉が持ついかにも優しく温かいニュアンスとはまったく相いれない、厳しく、ときには冷酷な態度にさえ感じられ、来談者は悲しんだり失望したり、怒ったりするかもしれません。そうなったら、来談者のその感情をできるだけ共感的に理解してその理解を言葉で返そうと努めることです。

その過程を経て、やがて来談者は徐々に、心理療法家にそれほどまでに激しく愛情や関心を求め、執着し、腹を立てざるを得ない、その根本にある寂しさや傷つきへと洞察が進んでゆきます。

③　心理療法の関係が、来談者にとって新しい対人経験になる

しかし心理療法家が、来談者の怒りや来談者から嫌われることを怖れて彼・彼女の要求に応えるとき、それは受容的でも共感的でもない迎合的なあり方であり、それは彼・彼女が今までの人間関係で繰り返してきたパターンです。それでは来談者の支えにも援助にもなりません。

来談者が心理療法家に対して怒っても軽蔑しても嫌悪しても、心理療法家は不安定になったり攻撃し返したりしないで、そんな自分をありのまま受容してくれる、という経験が、心理療法の経験です。それは来談者にとって、過去の体験とはまったく異なる新しい体験になります。その過去の体験の中でも中核的なものは、親に対して怒るとひどく罰されたり、親があまりに不安になったりしたために、「怒りは危険だ」と実感した体験です。

④　来談者は転移関係において、自分の問題パターンを繰り返す

ここで、心理療法において「転移」の持つ重要な意味のうち二つについてお伝えします。

転移の持つ重要な意味の一つ目は、来談者は彼・彼女の苦しみ（主訴）の原因となったパターンを、心理療法家との関係に持ち込む、ということです。たとえば、来談者の中には、人から嫌われたり拒絶されたりして傷つくことがないよう、自分から先に人を嫌ったり攻撃したりする人がいます。または、すべての人から好かれようとして、「良い人」の仮面をかぶり続け、なかなか本音では交流できない人がいます。

そのいずれであろうと、その感じ方や行動のパターンが来談者の人生において困難を作り出してお

り、来談者は、そのパターンを心理療法家に向けて繰り返します。

たとえばそれは、「心理療法家に心を開くと嫌われたり攻撃されたりして傷つくから、自分の心は閉ざしておき、先に心理療法家を攻撃しよう」とか、「本当の自分を見せると心理療法家に嫌われるかもしれないから、良い人だと思ってもらえるように振る舞わないといけない」という隠された信念のパターンかもしれません。

または、その底にある寂しさの感情パターンが再現され、毎回のセッションの終了時刻が来るたびに、見捨てられ感と寂しさを感じるかもしれません。または、他人から攻撃されないよう、先に自分から攻撃する行動パターンを繰り返して、心理療法家にいやみを言ったり批判したりするかもしれません。もしくは、自分の本音は感じないようにして「良い人」を演じるパターンを再演し、心理療法家から期待される内容を話して「良い来談者」になろうとする行動パターンかもしれません。

心理療法家は、来談者が人生で困難を作っているパターンをそのように治療関係において繰り返している事実に気がつき、そのことを来談者が実感を持って理解するよう介入することが大切です(6)。

そのためには、まずはそのパターンがある程度の強さと明らかさを持って表れるまで待ってから、そのことを指摘するのが適切なことが多いと思います。

たとえば、心理療法家への不満や怒り、嫌われるのが怖い、といった感情を来談者がありありと感じるまで傾聴を続け、それを来談者が感じているまさにその瞬間に、共感的に来談者に次のように伝えると援助的かもしれません。

「私に、時間を十分間延長して話し合いを続けるぐらいのことはしてほしいのに、私がそうしないから今すごく腹が立っておられる。あなたが、『人に期待をし、それを相手が満たしてくれないとすごく腹が立つ』とおっしゃった、そのことがいま私たちの間で起きているのかな、と思うのですが、いかがですか?」

「あなたがおっしゃっているのは、あなたはずっとさびしい思いをしながら生きてこられたから、あなたの求めに私が応じてくれないのが悲しい、ということですね」。

この右のような解釈は、あくまで心理療法家が来談者の苦しみを共感的に理解し、その理解を共有するためにおこなうものですから、そのとき来談者はどこかホッとする感覚を持つと思います。そのときには来談者の自由連想がさらに進み、語りが深まって行きます。

その反対に、知性化（理屈を知ることによって、実感による理解を妨げる防衛機制）が起きるような言い方やタイミングでこれらの解釈を伝えるのは、反援助的でしょう。解釈を伝えるタイミングが早すぎる場合が多いと思います。そのときには、来談者にとっては、怒りや悲しみなどの感情が弱くなったり、自由連想が止まったり、または解釈が的外れのように思えたりするでしょう。

⑤　転移によって、心理療法家は大きな影響力をもつ

心理療法における転移の二つ目の重要な意味は、来談者から心理療法家に向けられた転移が深まるほど、来談者にとって心理療法家は、幼児期の親と同じように深く大きな影響力を持つようになる、

（6）Gill（1982）

ということです。その転移関係の中で、来談者が心理療法家に対して怒っても悲しんでも寂しがっても、何を感じても何を話しても、共感的に理解され受け容れられるとき、来談者は、「私の中にある怒りも、攻撃性も、甘えたい欲求も、寂しさも、恐れる必要はないんだ」、と実感によって悟ることができます。

もっとも、心理療法家がいつもそのように完璧に傾聴できるはずはありません。心理療法とは、私たち誰もが持つ心の傷つきやすさに触れる営みであり、来談者が彼・彼女の傷つきやすさから起きる敵意や攻撃心を心理療法家に向けるとき、心理療法家自身の傷つきやすさが刺激されます。そのとき、基本的な傷つきやすさを抱えている心理療法家ほど、自分でも分からないうちに、自分を守ろうとしてしまい、来談者の攻撃の底にある傷つきやすさを共感したり受容したりするゆとりを失ってしまいがちです（岩壁 二〇〇七、一七五―一七七頁）。

しかし、自分自身の傷つきやすさを心理療法を受けることを通してより高い程度に解決できている援助者が、来談者が怒っても悲しんでも寂しがっても、何を感じても、何を話しても、理解的で受容的な気持ちで共感的に聴くことができるほど、深い援助ができる可能性が高まります。

来談者は、その経験を繰り返すうちに、やがて自分の反応が非現実的であることを悟るようになります。それとともに、そんな反応を起こさざるを得ない寂しさ、空虚感、怒り、憎しみ、といった心の痛みに触れはじめます。さらにそれらの痛みを感じ、語り、理解される過程を通して、来談者の心に少しずつ建設的な変化が起きてゆきます。

⑥ 面接の頻度について

ただし、その過程が十分に起きるためには、面接をある程度の頻度でおこなうほうがよく、少なくとも毎週一回は面接を継続することが望ましいと思います。心の傷が深く苦しみの激しい来談者の場合は、さらに頻度を多くする必要があるでしょう。面接の頻度が少ないと、来談者にとっては、自分の中にあって抑圧されてきた感情、考え、空想に直面することが辛くしんどくなるし、それゆえに心理療法の過程が深まらず変化が起きづらいし、起きてもその変化は表層的で一時的なものになりやすい傾向があるでしょう。

(4) 自分自身の未解決の心の葛藤を高い程度に解決すること

ここまでお伝えして来た、来談者が心理療法家との転移関係のなかで、怒りでも愛情を求める衝動でも、何でも感じて語っても共感的に理解され、受け容れられて変容が起きる、という過程が実現するためには、心理療法家に次の二つのことが求められると思います。

一つは、心理療法家が、自分自身の怒りを高い程度に受け容れ、それにオープンであることです。そうでなければ、来談者が、怒りや自己嫌悪感など激しい痛みの感情に触れたときに自分が不安になってしまい、じっくりと共感し受容することができなくなります。

二つ目は、心理療法家自身が、自分の心の深くにある愛情飢餓感の痛みを高い程度に癒し手放せていることです。それができていないほど、来談者からの評価や好意を求めてしまいますから、来談者から嫌われたり怒りを向けられたりすると不安になります。そのために、自分でも気づかないうちに、来談者から好かれようとしたり嫌われないようにしようとしたり、また、質問をされると、「来談者が表現している考えや感情を彼・彼女の身になって理解し、その理解を返す」、という傾聴の基本を守ることよりも、答えずにはいられなくなったりします。また、来談者から何かを要求されるとその要求通りにするのも、来談者から嫌われないようにしようとしてしまう例の一つです。

心理療法家が、来談者の主観的な経験を理解するのではなく、来談者を苦しい感情から救済しようとしてしまうとき、深い援助はできません。それはしばしば、心理療法家の持つ、「優しい人だと思われたい」という欲求によるものです（岩壁 二〇〇七、一〇八―一〇九頁）。

そうなると、心理療法の関係は、来談者にとって自分の感情、考え、ファンタジーなどを自由に感じ語れる関係ではなく、〝あなたは良い心理療法家、私も良い来談者〟という、一見すると仲良しの表層的な関係になります。それは来談者にとって、本音の出せない〝心理療法もどき〟の関係でしかありません。

岩壁（二〇〇七、二〇五―二〇六頁）は、心理療法の客観的研究の知見をレビューして、次の二点を明らかにしています。

（一）来談者は心理療法家に不満があってもそれを表現することは極端に少ないし、心理療法家も、来談者が内心では不満を感じている事実を察知できない。

（二）心理療法の失敗に至るプロセスとして、来談者の怒りや敵意に対して心理療法家が自分では気づかないうちに間接的に反撃したり、感情的に距離を取ってしまったりすることが挙げられる。

もちろん、完璧な人間はいませんし、完璧な心理療法家はいませんから、完璧な心理療法もあり得ません。私がここでお伝えしていることは、程度の問題ではあります[7]。しかしそれでも、私は、自分自身の心理療法家としての成長の過程、大学院で臨床心理士を育ててきた経験、および臨床心理士のスーパービジョンをしてきた経験、その三つの経験すべてにおいて、心理療法家自身の心の痛みと葛藤を高い程度に癒して解決することが、援助能力を高めるために必須であることを繰り返し感じています。それをしなければ、来談者の激しい感情や衝動にさらされることは、心理療法家にとってあまりに強いストレスになり、効果的な援助はできなくなるでしょう。

心理療法家自身が深いセラピーを受けて変容の過程を通ってきた足跡（そくせき）が、高い援助能力を伸ばすために必須だと思います。

ここまで、激しい孤独感に苦しむ来談者の転移反応への対処について留意すべきことをお伝えしてきました。その内容は、激しい孤独感を主訴とする来談者に限らず、どんな来談者の援助に当たっても大切なことです。

次の章では、最近非常に多い、自分が何をしたいのかが分からない、生きている実感がない、という苦しみを抱える来談者について考えてゆきます。彼らの苦しみには、激しい孤独感と共通するメカニズムが働いています。

（７）　心理療法家に向けられた来談者の怒りに対処することに関して、岩壁氏の著書『心理療法・失敗例の臨床研究』の「おわりに代えて」（二〇〇七、二五九―二六六頁）は優れたエッセイですから、ご一読をお薦めします。

第八章　自分が何をしたいのかが分からない、生きている実感がない

1　就職活動のできない大学生

大学生の就職活動は、早くも三年生の冬ごろから始まります。彼らは自分が就きたい職業を選び、多くの企業について調べ、行きたい企業を決めて、履歴書を送ったり面接を受けたりします。都会では、慣れない紺色の「リクルートスーツ」を着た若い男女が、どことなく緊張した面持ちで街を歩く姿がよくみられます。

ところが、毎年その時期になると途方に暮れて動けなくなる学生が出てきます。就きたい職業も行きたい業界も分からない学生たちです。彼らは就職活動を始めることすらできません。

2　親の意向ばかりを気にして生きてきた子どもたち

そんな大学生の中には、自分の興味や関心ははっきりしているし、社会に出て仕事をしてゆくたくましさは持っているが、自分の興味、関心、長所がどんな職業に結びつくのかが見えないため、就きたい職業が分からない、という学生がいるでしょう。彼らは、社会に出て見識を広げるにつれ、自分

のしたい職業が見えてくるはずです。

しかしそうではなく、何をしたいかが分からないし、活き活きと生きている実感もない学生たちがたくさんいます。彼らは、自分の欲求も好みもあまりはっきりと感じることができずに生きてきた人たちであるように、私には見えます。彼らの選択の基準は、自分が何をしたいかよりも、何をすれば周囲から悪く思われないか、人から何を求められているのか、何が正しいとされていることなのか、が中心です。そんな彼らには、自分の人生を生きている、という実感も、自分で人生を切り開いている、という実感も乏しいでしょう。

彼らがそのようにして生きてこざるを得なかった主な原因は、多くの場合、自分の欲求や好き嫌いよりも、親の期待や意向に合わせて生きることを優先しなければならなかったことにあると思います。

3　子どもの欲求に応えられる親

心理的に健康度の高い親であれば、子どもの感情と欲求について敏感で受容的ですし、事情の許す範囲内でそれに応えようとします。乳児がお腹が空けばお乳を与え、寒ければ毛布や服を着せる、という具合にです。

私は先ほど、落ち葉の積もった秋の公園でこんな光景を目にしました。三歳ぐらい女の子が地面の落ち葉の上に仰向けに寝そべっていたのです。その子の横にはお母さんがしゃがんで、集めた落ち葉をその子のお腹の上に置きながらいっしょにおしゃべりをしていました。女の子は、落ち葉の上でリラックスして空と木々を見上げ、お母さんとの時間を楽しんでいる様子でした。お母さんにとっても、その子と仲良しの時間をいっしょに過ごすことは喜びだったでしょう。

4　子どもの欲求に応えるゆとりのない親

しかし、子どもの自然な欲求や感情に親が共感できず、無視したり、拒絶したり、罰したりすると、子どもは、それらを感じること自体が「危険なことだ」とか「いけないことだ」と学びます。

たとえば、乳児がお腹が空いたのにずっと放っておかれたり、寒いのに服や毛布を着せてもらえなかったりすることが続けば、その子はやがて空腹や寒いという感覚をマヒさせ、あまり感じなくなるでしょう。

また、先ほどの、落ち葉の上で仰向けになっていた女の子が、お母さんから「汚いでしょ！」とひどく叱られたら、その子は自然の中で楽しく過ごしたい欲求を押し殺し、それを感じないようになるかもしれません。またはその子が、お母さんといっしょにおしゃべりをして過ごしたいのに、お母さんにはそれを楽しむゆとりがなく、「お母さんはこんなに大変なんだから」と言われてお母さんの大変さを理解するよう要求されることが繰り返されれば、女の子は次のように信じるようになるかもしれません。

「お母さんの愛情を求めるのはわがままでいけないことだ。そんな自分はダメな自分だ。お母さんはたいへんでかわいそうだから、私がお母さんを支えないといけない。少なくとも、お母さんの負担にはならないようにしなきゃいけない」。

子どもがそう感じて育つのは、お母さん自身の持つ、幼児的な愛情欲求によるところが大きいものです。お母さんは子どもから、心の辛さを理解して支えてもらうことを求めているのですから、それは親子が逆転したあり方です。それは親が子どもから情緒的なケアを求める、依存的な甘えの転移反応です。

「子ども時代の不幸な経験によって不安定な愛着をもつように育った母親は、自分の子どもからケアされることを望みがちであり、それによって子どもを不安がちで、自責的で、そしておそらく恐怖症的にしてしまう。」

これは、愛着（attachment）研究における著名な心理学者であるボウルビィの言葉です（ボウルビィ 一九九三、四六頁）。

5　自分が何がしたいか、何を感じているかが分からなくなる

子どもは、自然な欲求や感情を表現したときに拒絶されると、「そんな欲求や感情を感じること自体がいけないことだ」とか「危険なことだ」と感じるようになり、欲求や感情を抑圧するようになります。そして、「親はぼく・私にどうしてほしいのだろうか、どうすれば親はぼく・私を受け容れてくれるんだろうか」ということばかりが気になるようになります。その結果、自分がどうしたい、どうしたくない、何が好き、何が嫌いということが分からなくなるのです。

そうして生きてきた子どもが大学三年生になって就職活動を目の前にすると、とつぜん「自分は何がしたいのか？」を明確にすることを求められるのです。彼らがとほうにくれるのは当然のことでし

ょう。今までは「いけないこと」、「危険なこと」だったことをおこなうように、とつぜん求められるからです。

6　自己実現を求める衝動の激しい不充足

彼らの多くはまた、自己実現を求めて挑戦することを許されずに育ったのではないか、と思います。ですから自己実現を求める衝動は良くないものとして抑圧されていますし、新しいことや困難に立ち向かう自信もありません。さらには後の章で考察してゆきますが、彼らは激しい劣等感と対人恐怖感にも苦しんでいるでしょう。

ですから彼らにとって、内なる衝動を感じること、新しいことに挑戦することはひどく怖ろしいことなのです。

私は高所恐怖症なのですが、もしバンジージャンプのロープを体にゆわえてジャンプ台に立ち、下を見下ろしたら、怖くて足がすくみ、手すりにしがみつくでしょう。理屈では危険はないと分かっているのですが、怖くて踏み出せないでしょう。

自己実現を求める衝動を抑圧し、自分が何をしたいか分からない、と苦しむ来談者にとって、就職活動をしたり社会に出て行ったりすることは、同じような激しい恐怖の体験でしょう。

「自分が何をしたいのかが分からない」、「生きている実感がない」という感覚は、本人にとってたいへん苦しい感覚です。では、その苦悩の中にある来談者の心理療法に当たって、とくに何に留意すればよいでしょうか。そのことについて考えてゆきましょう。

◇心理療法のポイント

(1)　来談者の感情にていねいに耳を傾けること

「自分が何がしたいかが分からない」、「生きている実感がない」という来談者の心理療法に当たっては、彼らの語ることに耳を傾け、彼らが感じていることにていねいに寄り添い続けることがとくに大切でしょう。心理療法家の共感的で受容的な態度が来談者に伝わるにつれ、彼らも、自分自身の自然な欲求や衝動に対して受容的で理解的になります。

また、そのような来談者の心の中には「危険だ」とか「邪悪だ」と感じられる強烈な感情や衝動があり、それらは怖ろし過ぎるので、心の奥に抑圧しています。それらの感情や衝動がどういうものであるかは、心理療法が進むにつれて来談者自身にも心理療法家にも徐々に分かって来ることです。しかし一般論として、次のような抑圧された感情や衝動が存在する可能性が高いですから、それを頭に置いて傾聴してゆくと来談者の気持ちが理解しやすくなるでしょう。自分の欲求と感情を正当なものだと認めて満たしてもらうことのできなかった寂しさ、悲しさ、激しい怒り。親を求める幼児的な強い愛情欲求、およびその愛情欲求についての罪悪感と嫌悪感です。

(2)　教えるのではなく、聴くこと

ここで注意していただきたいのですが、心理療法家がそんな来談者に「自然な感情を感じていいんですよ」とか、「感情に善悪はありませんから、あなたの感情を大切にしましょう」などと教えると、抑圧して来た感情に本当にオープンになる過程を邪魔すると思います。

来談者にとって深く本質的な助けになるのは、自分の感情や衝動の激しさ、そしてそれへの罪悪感、

嫌悪感、恐怖をありありと感じて語り、それを受け容れられ理解される経験だと思います。ところが、心理療法家が「感情を感じましょう」、「感情に善悪はありませんから受け容れましょう」と言うということは、「感情についての罪悪感と恐怖を感じてはいけません」と言うことであり、それは言っていることとは矛盾したメッセージです。また、来談者が心理療法家の指示にしたがって「感情を感じなきゃいけない、言葉にしなきゃいけない」と考えて感情を語ったり泣いたりするのは、自然に込み上げてきた感情を感じて表現しているのではなく、あくまで心理療法家に認められようとしておこなっていることですから、そこには感情についての来談者自身の許しはなく、あくまで心理療法家の許可に依存しているように思います。そのような形で、来談者が一見するといかにも自由に感情を話したり泣いたりしているように見えても、それでは深く純粋な変容は起きづらいだろうと私は思います。

来談者自身の純粋な変容が起きるために心理療法家ができる最善のことは、来談者がみずからほんの少しでも感情を表現したときに、それをできるだけひしひしとありありと想像しながら、その表現の程度に合わせて受容的、共感的に傾聴することだと思います。そうするとき、来談者が彼・彼女の本来の自分自身を取り戻す過程をともに歩むことができるでしょう。

本章では、「自分が何をしたいかが分からない、生きている実感がない」という苦悩を抱える来談者の苦しさと援助におけるポイントについて考察してきました。そういう来談者のほとんどは、劣等感と自己無価値感、自己嫌悪感にも苦しんでいると思います。そこで次の章では、劣等感、自己無価値感、自己嫌悪感が生じるメカニズム、およびそれらに苦悩する来談者の援助において留意すべきことについて、詳しく考察します。

第九章　劣等感と自己無価値感、自己嫌悪感（およびリストカット）

1　「かわいい」

手足のない奇形児として生まれた乙武洋匡さんの、『五体不満足』というベストセラー本がありま す（乙武　一九九九）。彼はその本の中で、彼のお母さんが、手足がなく生まれてきた新生児の彼に初めて対面したときのことを述べています。

病院のスタッフは、乙武さんのお母さんが泣きだし取り乱すかもしれないとか、ショックのあまり卒倒し倒れこんでしまうかもしれない、と心配したそうです。そして、病室にお母さんが倒れたときのために余分のベッドを用意してから対面させました。ところが、周囲のそんな心配をよそに、乙武さんを初めて見たお母さんの第一声は「かわいい」だったそうです。

お母さんにとって、乙武さんとの初対面は、ショックの経験でも悲しみの経験でもなく、喜びの経験だったのです。乙武さんは、そのときぼくは誕生した、と述べています。子どもにとって、自分が誕生するのはお母さんの体から生まれてきたときではなく、親から喜びを持って歓迎されたときなのです。

2 親の無条件の愛情が子どもの自尊心を育てる

野口嘉則氏の著書『３つの真実』の九十ページに、ある老人が言ったこんな言葉があります。

「子どもに教えてあげなさい。『君はそのままで素晴らしい存在なんだ』と。
子どもの自尊心は、いい成績を取って褒められたときに満たされるのではない。
悪い成績を取っても抱きしめられたときに満たされる。
学校へ行けなくても抱きしめられたときに満たされるのじゃ。
いいことをしたからでも、いい結果を出したからでもなく、自分があるがままで、そのまま無条件に受け入れられたときに、その子の自尊心は満たされるのじゃ」

子どもは親の価値観を取り入れて育ちます。ですから親が子どもを無条件に愛し受け容れることができるほど、子どもは自分自身のことを無条件に受け容れ、自分自身のことが好きだという感覚を当たり前に持ちながら成長します。

しかし親に、子どもを無条件で愛するゆとりが乏しいほど、子どもは「ぼくは愛される価値のない子どもだ」と感じます。次はそんな親子関係の例です。

3 「東大には行けなかったね」

激しい劣等感に苦しむ女性が次のように語りました。

「早稲田大学の合否発表には母と行きました。私の受験番号を見つけたとき、母はいちおう喜んでいたように思いました。でも帰り道で母が、『東大には行けなかったね』とボソッと言った声がいまだに耳に残っています。」

この女性のような親子関係で育つと、子どもは、たとえ高い学歴や高い職業能力などがあったとしても、心のどこかでは「自分はダメな人間だ」、「自分は不十分だ」と感じるようになるでしょう。そして「もっと高い能力を身につけなきゃ」、「もっと成功しなきゃ」と、自分自身を追い込む完璧症の不安に苦しむようになるでしょう。

子どもが深い劣等感・自己無価値感に苦しむようになる親子関係の力動の一つとして、「親の役割を担う子ども」というパターンがあります。次項からそれについて説明します。

4　子どもがわがままで言うことを聞かない、と訴えるお母さん

ある中年の女性が、「子どもがわがままで言うことを聞かない」と小学三年生の娘さんを連れて私の所へ来ました。彼女はうつに苦しんでおり、イライラしたうっとおしそうな様子で、「家の中が汚くて本当にイヤになる」、「子どもらがギャアギャア騒ぐのでイライラする」と話しました。

すると、横にいた娘さんは、「家は私が掃除するよ！」、「私が弟に騒がないよう注意するから！」、「これからはちゃんと静かにする！」と必死でお母さんに訴えました。

それは、自分自身の苦しみに精いっぱいでとても子どもたちに愛情とケアを与えるゆとりのないお母さんと、そんなお母さんの状態に不安がかきたてられ、自分が母親の役割を担おうとしている女の

子のやり取りでした。

次に、どうしてこういうパターンができるのか、そしてこのパターンが子どもの成長にどんな影響を与えるのかについて、考察してゆきます。

5　親が、未熟な愛情欲求を子どもに求めるとき

幼児のときに、親からの愛を求める衝動がひどく満たされないまま大人になり、その寂しさと頼りなさを抱えながら懸命に生きている人が親になると、愛されたい、関心がほしい、という慢性的な欲求を満たすために自分の子どもを利用してしまうことがしばしばあります。

その例として、親が子どもの年齢に不相応な、重い責任を負わせる場合があります。長男・長女が幼い弟や妹の世話をして面倒をみるのはその一例で、さきほどの小学校三年生の女の子がそうです。また彼女のお母さんは「家の中が汚くて本当にイヤになる」、「子どもらがギャアギャア騒ぐのでイライラする」とうっとおしそうに訴えていましたが、そのお母さんのように、幼い子どもが炊事、洗濯、掃除などの家事をこなすことを当然のように求める親もいます。

6　親の役割を担う子ども

子どもにとって親はとても大切なので、子どもは親のニーズを敏感に察知して親の要求に応えようとします。そして自分を犠牲にしてでも親を守ろうとします。

たとえば親が心のゆとりがなく、子どもの話を聴いたり子どもに関心を注いだりすることができな

ければ、子どもは「お母ちゃんはたいへんだから、わがままを言って困らせちゃかわいそう。だから私が我慢しよう」と思い、悩みごとがあっても辛そうな様子を見せませんし、母親に相談したりもしなくなるものです。また、親の負担を減らそうとして親の担うべき負担を自分が担います。

そのようにして、子どもが、彼・彼女の暮らす国や民族の文化基準に照らして不相応に重い家庭の責任や役割を担うとき、その子どもを「親の役割を担う子どもparental child」（または、親役割代行parentification：中釜 二〇一〇、一〇一頁）と呼びます。

「親の役割を担う子ども」は、発達段階に鑑みて不相応な重荷を担わされているため、親が求める役割を失敗なく完遂することは不可能です。ですから、そんな子どもは失敗の挫折感を繰り返し味わうとともに、「また失敗して親の愛情を失うんじゃないか」という恐怖におびえながら育ちます。その結果、「親の役割を担う子ども」は慢性的な劣等感、自己無価値感、自己不全感、完璧症に苦しみながら成長します。子どもに、発達段階に応じた適切な責任を任せることは、その子どもの発達に必要ですが、それが行き過ぎると、本来は自分自身のことで頭がいっぱいであるはずの子どもの成長に大きな打撃を与えるのです。

「親の役割を担う子ども」は、その振る舞いや外見が年齢よりもませて見えることが多く、大人になってから、「自分には子ども時代がなかった」と感じる人が多くいます。

ただ、「親の役割を担う子ども」に限らず、子どもは「親は自分のことを無条件に愛し受け容れてくれない」、と感じるとき、ものすごく悲しいし、寂しいものです。そしてそれとともに、とても腹が立ちます。ところが、親に対して腹を立てることができない場合に、子どもはいっそう慢性的な深い劣等感・自己無価値感を抱くようになります。次項から、その力動について考察してゆきます。

7　親への怒りを抑圧せざるを得ないとき

子どもが親に腹を立てられない場合とは、腹を立てると親の愛情がいっそう得られなくなる場合です。親が、子どもから好かれること、認められることをあまりに強く必要としているために、子どもが好いてくれないことが耐えがたく感じられるのです。そこで、子どもが怒ると不安でオロオロしたり、子どもに怒鳴り返したり、暴力をふるったり、口を利かなくなったりします。では、そんな親に対して怒りを向けることができないとき、どうすれば良いでしょう?

自分が悪いんだ、ということにすれば良いのです。

そうすれば親に腹を立てずに済みます。また同時に、「親の望むとおりにすれば、いつかは親の愛情と承認が得られる」という希望を持つこともできます。反対に、もし自分の親は自分を愛することができない親だとすれば、永遠に愛情を得られないことになります。その絶望を真に受け容れることは、子どもにとってあまりに辛すぎることです。

このように、親から理不尽に叱られたと感じたり、親から拒否された、と感じたときに「ぼくは悪い子だ」と解釈して自己無価値感におちいる防衛パターンを身につけた人は、大人になっても同じパターンをしばしば繰り返すようになります。それが、人が慢性的な自己無価値感を抱くようになるメカニズムです。

ところで、子どもが「お父ちゃん、お母ちゃんは私のことをそのままで愛してはくれない」と感じて深く傷つくのは、親のもつ未解決の心の痛みが原因でしょう。そのことについて次項から詳しく考察してゆきます。

8　愛された実感に乏しい親

親のなかには、自分自身が子どものころから「親から無条件に愛された」という実感が乏しく、そのことによる激しい愛情飢餓感と怒りを抱えている人たちがいます。彼らは、親から次のようなメッセージを感じて育ちました。

「成績が良ければあなたのことを認めるけど、成績が悪ければ拒否する」、「真面目に勉強する（スポーツに取り組む、など）ならあなたを認めるけど、そうでなく怠惰ならあなたを否定する」、「わたしが怒ったり不安になったりしないよう、あなたがわたしの要求通りの行動をすればあなたを受け容れるけど、そうでなければ拒否する」。

そんなメッセージを受けて育った人は、成績の悪い自分、真面目に勉強したくない自分など、親から認めてもらえなかった部分を怖れ、憎み、否定し、自分にはそんな部分はない、と信じて育ちます。同時に、自分のことをありのままに、無条件に愛してはくれなかった親に対する激しい怒りと攻撃心を、無意識の領域へと抑圧します。

9　親が子どもに攻撃心を向けるとき

しかし抑圧された怒りと攻撃心は、いつも表面に上がろうとしており、ゆがんだ形で表出されずにいられません。そこで、自分の子どもに怒ったり攻撃したりすることになります。しかし、子どもにそのような怒りを向けて攻撃するのは理不尽なことですし、「良い親でなければならない」という価値基準に反します。そのような親は、「自分はつねに正しくなければならない」という超自我が非常に固いので、その価値基準に反する行動はとれません。

そこで、子どもを攻撃しながらも、「自分は正しいことをする良い親である」と信じ続けることができるよう、そのような親は子どもに対して、達成が不可能な要求をします。そして、「子どもがそれを守らないから、達成しないから」という理由で子どもを攻撃します。

たとえば、いつも勤勉でなければならない、成績が良くなければならない、障がい者に決して差別心を感じてはならない、友だちにはいつも親切にしなければならない、などの固い価値基準を子どもに押しつけます。そして子どもがそれに完璧に沿わないとき、子どもを厳しく罰するのです。

そのとき親は、「子どもが悪いから」「子どものためだから」と合理化します。そして、自分が抱えている攻撃心を子どもに対してぶちまけており、自分自身の中に未解決の怒りと攻撃心があるんだ、ということには気がつきません。

10　抑圧した部分を他人に見るとき

先ほどお伝えしたように、「お母ちゃんがぼくに怒るのは、ぼくが悪い子だからだ」と信じて劣等感、自己無価値感に苦しむ子どもは、親から攻撃された自分自身のありのままの部分を憎み、否定し、「成績の悪い自分はダメだ」、「怠惰な自分はダメだ」、「他人に親切じゃない自分はダメだ」、「性に興味を持つ自分は邪悪だ」などと信じるとともに、「絶対にそんな自分であってはならない」と感じます。

そんな子どもが、自分が悪だと信じている部分を他人の中に見るとき、その人を激しく攻撃します。世の中では多くの人々が、自分の心の傷つきにもとづくそのようなメカニズムから、成績の悪い人、怠惰な人、他人に親切にしない人、性を楽しむ人、などを嫌ったり、軽蔑したり、攻撃したりしています。

11　ホームレスの人たちへの暴行事件

ときどき、ホームレスの人たちに子どもたちが暴行を働いて補導された、というニュースを耳にします。彼らの暴力は、ここでお伝えしている心のメカニズムに発しているのだろうと思います。

つまり、親から「高い成績、学歴、社会的な成功を持たない人間は価値がない」という価値観を押しつけられ、「学歴や成功を獲得しなければ愛してもらえないのではないか、受け容れてもらえないのではないか」と激しい不安を感じて育ったのだと思います。そんな子どもは、親が押しつける「正しさ・あるべき姿」に沿っていない他者を見るとき、自分の中にありながら否定している自分自身を見るので、我慢できません。

また、親から達成不可能な要求を押しつけられ、それを満たさないときに厳しく罰せられた子どもたちの中には、とても真面目で模範的な生徒になる子どもたちがしばしばいます。しかしそんな子どもの心には、「悪い」行動をするクラスメートを激しく糾弾する攻撃性が潜んでいることがあります。

またその攻撃性を行動で表出して、「悪い子をやっつける正義の味方」になる子どもたちがいます。対照的に、「悪い」子どもたちに対する怒りや軽蔑心は押し殺して表面には出さない子どもたちもいます。しかし普段は表面に出さなくても、心の中では「悪い」子どもたちへの嫌悪感や軽蔑心が渦を巻いているものです。

次に、人が深い劣等感を抱くようになる別の原因を取り上げます。それは、親の過保護で過干渉な養育行動です。ここでは、親の過保護な養育とは、子どもの発達段階に応じた適切な課題や挑戦のチャンスを奪う親の行動を指します。そのことに関連する実話を紹介します。

12　過剰に親切な女性

私の心理療法の先生は八十歳を超えたおじいさんです。その先生が、ある知り合いの中年女性について、私にこんな苦情を話したことがあります。

その女性は、先生に対してとても親切に振る舞うのだそうです。それだけを聞くと良いことのように聞こえますが、その親切な行動の度が過ぎるのだそうです。たとえば、話し合いの最中に先生がたばこを取りだすと、さっとライターを取りだして火をつけます。話し合いが終わって先生が椅子から立ち上がると「先生、私がおかばんをお持ちします」とさっとかばんを取ります。そしてさっと机の上を片付け、さっとドアを開け、「先生、どうぞ、どうぞ」と導いてくれます。

それは一見、よぼよぼの老人に対する親切な行動のようですが、私の先生は不愉快な感覚を覚えるのだそうです。なぜなら先生はその女性から、「あなたはよぼよぼの年寄りで体力も能力もないんだから、有能な私に任せてください」と言われているかのような気持ちになるからだそうです。もちろんその女性はそんなメッセージを伝えているつもりはないでしょうし、それどころか、尊敬する年配の先生への親切心でおこなっているつもりでしょう。

13　過剰な親切に潜む心の傷つき

過剰な親切は、相手の気持ちや状態を理解した上で相手に必要な助けをしているのではなく、そこには異なる意図が隠れています。

その隠れた意図の一つとして、親切にする人が持っている劣等感があります。自分自身の価値に自信が持てないことの苦しみから逃れるために、「私は能力の高い価値ある人間だ」と信じようとします。それゆえ、自分よりも能力の低い人、立場の低い人、弱い人などを探し、そういう人を見つけると行き過ぎた親切をします。それによって、自分の価値を感じようとするのです。

そのとき、親切なおこないをしてもらった人に伝わるメッセージは、「あなたは無能で私は有能だから、あなたには私が必要です」というものです。

また過剰に親切な人は、自分では気づかないうちに、相手から必要とされようとします。自分の存在価値をあまり感じられないので、その苦しみから逃れる目的で、他人から頼られ必要とされようとするのです。他人から依存されて初めて、「自分は価値ある人間だ、自分は存在していいんだ」と感じられるからです。

さらに、過剰な親切の底には「相手から好かれたい」という愛情欲求もあるでしょう。

つまり、行き過ぎた親切な行動の真の目的は、相手のためではなく、自分の劣等感、自己無価値感、愛情飢餓感から逃れることにあります。そしてそのような行き過ぎた親切や援助は、却って相手の力を失わせます。相手を「自分は無力で無能で弱いから、この人がいないとダメだ」と信じさせるからです。

14　親の過保護、過干渉は子どもに劣等感を植えつける

第一章「自己実現を求める衝動」で考察したように、人間には、もっと良い自分になりたい、自分の能力を高めたい、もっと良い人生にしたい、という飽くなき強烈な衝動があります。そして、その自己実現を求める衝動を充足するためには、失敗の危険を冒すことが必要不可欠です。

ところが、子どもが失敗しないように、ケガをしないように、と親があらかじめすべての手を打ってしまったら、子どもは失敗から学ぶことができないし、問題や悩みを自分で解決することもできません。さらには、問題に挑戦して失敗し、それでも挑戦を続けてついに目標を成し遂げる達成感を味わうこともできません。

もちろん、子どもの発達段階に応じて親が子どもを守るのは必要なことです。火を触るとやけどをすることが分からない幼児が火に触れないよう守るとか、自動車の怖さが分からない幼児が道路に飛び出さないように見張る、などの保護は必要です。

しかし、子どもがその発達段階にふさわしい困難を経験しそれに立ち向かってゆく、そのチャンス

を奪ってしまうことは、子どもの成長には大きなマイナスです。

　そうして育てられた子どもは自己実現の喜びを知らずに育ちます。ですから自分の能力にも自信が持てません。それゆえ、学校に行ったり、新しい友だちの輪に入ったりすることがあまりに危険なことに思えます。自信がないため、この世の中で生きてゆくことがあまりに大きな負担であり恐怖に感じられるのです。

15　過保護な親からは、子どもは愛を感じられない

　また、第三章「傷つきたくない、変化は怖すぎるから変わりたくない、と求める衝動」の、「28　自己実現が阻まれるとき、愛は感じられない」（本書六二頁）でお伝えした通り、子どもは、親から自己実現のチャンスを阻まれるとき、親の愛情が感じられません。自分の気持ちを分かってくれないからです。ですから、そうして育てられた子どもは、自己実現を求める激しい衝動も、親から無条件で愛されたいと求める衝動も、不充足なまま育ちます。彼らはその苦悩を、自己実現の不充足の苦しみとして感じるよりも、親が愛してくれない、分かってくれない苦しみとして感じます。

　子どもの受験に当たって、受験番号一番を取るために受験校の門前に親が徹夜して並ぶことがあるそうです。それは親の過保護・過干渉な行動の極端な例でしょう。子ども自身が受験番号一番が欲しいなら自分で徹夜して並ぶはずです。または、まだ幼くて徹夜して並ぶことができない子どもが、親に「どうしても受験番号一番がほしいから、ぼくの代わりに徹夜して並んでほしい」と頼んだのなら、徹夜して並ぶのは子どものためでしょう。

しかしそうではなく、親の勝手な期待から受験番号一番を取るために無理をし、「子どものためにしてやった」と言うのは、子どもにとってはとんでもないプレッシャーになる、ひどく迷惑なことでしょう。

親がそんな行為をしてしまうのは、子どもから好かれないといられない、良い親だと思われないと耐えられない、という、親のニーズによるものでしょう。また、子どもを偏差値の高い学校に合格させることによって、親自身が自分が価値ある人間だと思われたい、そんなニーズかもしれません。

いずれにせよ、親は「子どもに好かれたい」「子どもを良い学校に入れることによって自分の自己無価値感の苦しみから逃れたい」という欲求から行動しているのです。ところが、それは表面的には「子どものため」に親がおこなっていることなので、子どもは反発したり怒ったりできません。

このように、過保護で過干渉な親は、形式的には子どもにとても親切にしているので、子どもは親に対して怒る理由がありません。そのため、わけの分からない不安、自信のなさ、イライラなどに苦しみながらも、自分がなぜこんなに苦しいのかが分からない、そんな子どもたちもいます。

16　褒めることの落とし穴

子どもを褒めることは、多くの場合には、子どもの健康な自尊心を高めるとても良いことだと思います。親は子どもの成長がうれしいものですし、子どもが何かを達成して喜んでいるのを見るのは、親にとってもとても喜びです。その喜びを親が素直に感じて表現すると、温かい情緒に満ちた親子関係になるでしょう。

ところが、子どもを褒める行為が、そのような親と子の自然な喜びの感情から来るものではなく、親が子どもを操作するために使われることがあります。

たとえば、成績の良い子どもでなければ受け容れることのできない親が、子どもに勉強させようとしてテストの点が良かったときに褒める、という行動です。そこに純粋な喜びが少なく、子どもを親の思い通りにしよう、という親のニーズが大きいとき、子どもはそれを敏感に感じとります。そのとき子どもは褒められているにもかかわらず、「お父ちゃん、お母ちゃんは私の成績が良くなければ愛してくれない」と感じます。それは子どもの深い根本的な劣等感、自己不全感の源になるでしょう。

そのとき子どもは、自分の成長に取り組むよりも、親のニーズを満たそうとして、自分の興味も関心も自然な欲求も犠牲にして、親が求める行動をしようとします。いわゆる「良い子」ができるのです。

17　親との同一化によって、劣等感を手放せない

劣等感の強い人に、援助者が「あなたはよくやっていますよ」、「自分を褒めてあげるべきです」などと説得しても、彼らはそれを本当に受け容れることはできません。「いや、これぐらいできて当たり前です」、「褒められるようなことじゃありません」などと否定します。

もっとも、「良い来談者」だと思われたいために、心理療法家に合わせて「はい、自分でもよくできたと思います」、「これからはもっと自分に優しくするよう、がんばります」などのように応じることはよくありますが、それでも、彼らが純粋に自分のことを高く評価したり自分のことを好きになっ

たりするわけではないと思います。

そんな来談者は、劣等感や自己叱責の気持ちを感じそうになるたびに、「自分を卑下してはいけない、自分を認めてあげなきゃいけない」と考えて、それらの気持ちを感じないよう努力するかもしれません。しかしそれでは、来談者の心の中で「劣等感 vs 劣等感を感じないようにしようとする努力」の戦いは続くでしょう。

彼らが、劣等感、自己不全感、低い自己尊重感に苦しみながらもそれを手放すことができないのは、親の愛情を失いたくない、という、怯える子どもの気持ちがまだ心の中に生きているからだと思います。

彼らは、「お父ちゃん・お母ちゃんはぼく・私をダメな子だ、と思っている」と感じています。そんな彼らは親から認められ、受け容れられたいので、親の価値観や物の見方をそのまま自分のものにします。親の信念に関係なく自分自身の感じ方、考え方を構築するのは、親から独立することであり、それは、幼い子どもにとって、親の愛情から独立することを意味します。それはあまりに怖ろしくてできないのです。つまり彼らは、彼らの中にある「お父ちゃん、お母ちゃんと同じになって、ずっと愛されたい」と求める子どもの欲求のために、親と同じ考え方（ぼく・私はダメな子だ）を手放すことができないのです。

18　反抗的に見える子どもの、反抗できない本心

このことは、表面的には親の価値観に背いて反抗的な態度を見せる人にも、しばしば当てはまって

います。

たとえば、成績や学歴に価値を置く両親に反発して、勉強も学校もサボる非行少年・少女も、心の深くでは、勉強ができない自分に激しい劣等感を感じているものです。それは彼らが、成績や学歴を重視する両親の価値観を取り込んでいるからです。

親が自分のことをどう思うかにかかわらず、「私は自分のことが好きだわ」「ぼくは自分のことを『いい』と思う」と感じるには（反発心や反抗心からではなく素直にそう感じるには）、親からの承認をもはや必要としない、情緒的に独立した心の状態にならなければ不可能であることが想像できるでしょうか。

ですから、劣等感に苦しむ来談者の深い純粋な変化のために必要なことは、彼らの中にある、親から無条件に愛され受け容れられていない心の痛みが癒され、変化することです。そのときには、彼らの劣等感の問題は解決されてゆきます。

19　親が子どもに過保護、過干渉にならざるを得ない原因

親が子どもに対して過保護、過干渉になるのは、親自身が深い劣等感と自己無価値感に苦しんでいるからです。そしてその根は、親自身が自分の親から、劣等感や自己無価値感を抱かざるを得ないような養育をされたことにあるでしょう。そうして、親の、癒されず解決されない心の傷つきが、次の世代へ伝播してしまうのです。

また、過保護で過干渉な親はしばしば、「世の中は危険な場所であり、自分は無防備で傷つきやす

い」と感じています。そのような世界観が作られるのは、親に依存し無防備だった幼少期に、親から十分に愛され守られた、という実感があまり感じられず、逆に、親から傷つけられた経験を繰り返したからであることが多いでしょう。

また、第十一章「対人恐怖・視線恐怖」で詳しく考察しますが、親自身が、自分の親に対する激しい怒り、憎しみ、攻撃性を抱えているのですが、それを抑圧し外の世界へと投影して、「世の中の人々は私を攻撃しようとしている、世の中は危険だ」と感じていることもあります。それゆえ、親は自分が感じている恐怖から子どもを守ろうとして、過保護、過干渉になることがあります。

ここまで、老人に対して過剰に親切な女性と、子どもに対して過保護な親についてお伝えしてきました。そしてそのことは、心理療法家とそれを目指す人々にも当てはまります。そのことについて次項で考察します。

20　心理療法家自身の劣等感と自己無価値感

心理療法家になろうとする人には、しばしば、「自分の劣等感をおぎなうために、弱い来談者を立ち直らせたり、有能なプロだと来談者から思われたりすることによって、自分の価値が高いと感じたい」という動機が隠れています。

その動機が強いほど、援助ができません。そのことは、私自身の心理療法家としての経験、および心理療法家の指導をしている経験から繰り返し感じていることです。ここから、それについて詳しく考察してゆきます。

21　私の中の自己無価値感

「ぼくは有能でなければ、この世に存在している価値が低い。」

私が来談者として心理療法を受けているある日のセッションで、自分の心の奥深くにあったその信念が湧き上がってきたことがありました。そのとき、鳥肌が立ちそうな、熱い感覚をおぼえました。それと同時に、「自分は生まれながらにありのままで価値がある」とは信じられない深い悲しみが、全身にカーッと湧きあがりました。

私は、自分の心の奥底にそんな信念がずっとあったことを、そのとき初めて知ったのでした。有能でなければ存在価値が低い、ということはつまり、「ぼくは有能になることによって存在価値を勝ち取らないといけない」と信じていたということであり、それはつまり、自分自身のことを本質的に価値の低い人間だ、と感じていたということです。

私が心の奥底でそう感じていたのは、子どものころに、親から拒否されたり侮辱されたりしたためだったと思います。また、親は経済的に貧しかったこともあり心のゆとりに乏しかったので、私が幼心に、「親の負担になってはいけない、自分の欲求や気持ちを正当なこととして大切にするよりも、それらは押し殺して我慢しないといけない」と感じて育ったことも一因だったろうと思います。そののちの心理療法で、私は心の奥にずっと抱えていた、幼いころに父・母から「お前はダメな子だ」というメッセージを受け取った痛み、親の承認を得られなかった悲しみ、寂しさ、怒りを実感することになります。

22　自己無価値感が生む苦しみ

私はそれまで、「良い心理療法家になりたい」と一生懸命にがんばってきました。そこには、人々にしあわせになってほしいという、愛からくる動機があったと思います。しかしそれと同時に、「心の奥底にある『ぼくは本当は価値の低い人間だ』という無価値感、劣等感、自己不全感を感じることを避けたい。だから優秀な心理療法家になることによって、自分は価値ある人間だと感じたい」という動機もありました。

しかし、その動機について明確に気づいてはいませんでした。なぜ気づかなかったのでしょう？ それは、劣等感、自己無価値感をありありと感じるのは辛すぎたからだと思います。私たちの心は、何かの感情が辛くて苦しすぎる時には、自分でも気づかないうちにその感情を感じないように無意識の領域へと押し殺します。それを抑圧と呼びます。

その抑圧を維持するための方法の一つとして、私はある固い価値観を持っていました。それは、「人は誰もが生まれながらに無条件の価値があるのだ」という価値観でした。私はその価値観にしがみついていたため、自分の中に「ぼくは価値の低い人間だから、有能になって存在する価値を得なければならない」という劣等感があることに気づかなかったのです。それは別の言い方をすれば、劣等感を感じないようにするために、「人は誰もが価値があるのだ」という固い価値観を信じようとしていた、ということでもあるでしょう。

私は今も同じ価値観は持っていると思いますが、抑圧の目的でその価値観にしがみつくことと、自分自身の無条件の価値を実感して、人はみんな無条件に価値がある、ということが当たり前に感じられることには、大きな違いがあると思います。

23　私の苦しい体験

私の心の奥底にあった、「心理療法家として有能になって、自分の存在価値を勝ち取らなければならない」という隠された動機のために、私は心理療法がうまく行かないときには落胆して落ち込みました。

また、私から来談者に向けられた態度のなかに、「あなたが良くなってくれないと私が困る」という押し付けがましさが混ざっていた可能性も十分にあります。これは、苦しくて助けを求めて来ている来談者にはたいへんな負担になります。助けが必要だから来ているのに、心理療法家を助けることを求められるからです。

あれは境界性人格障害の苦しみにあえぐ女性来談者の心理療法をしていたときのことです。境界性人格障害の人たちは、愛情の飢餓感と空虚感が極度に深く激しい人たちです。自分が無くて空っぽ、という感覚でしょう。そしてその苦しみから逃れるために、自分と相手の境界が無くなるような融合的な関係を強烈に求めざるを得ません。彼らはまた、愛情を激しく求めると同時に、それを満たしてもらえないことに対する激烈な怒りも同時に持っています。

私がそのような特徴を持つ来談者の心理療法をしているころ、二夜つづけて真夜中二時きっかりに目覚めて、それからはとても苦しい気分で眠れなかったことがありました。さらにまた、胃のあたりにとても嫌な何かが詰まった感じが一日中ずっとあって苦しい思いもしていました。私には、あたかもその来談者から目に見えないホースが伸びてきて私の胃の辺りに吸盤をぴちゃっと密着され、「気」を吸い取られていたかのように感じられました。

24　苦しみを呼び込んだ、私のニーズ

あのときの私には、その来談者を助けなければいけないし、嫌われたくない、という欲求がありました。それは、心理療法家が来談者を求める、依存的な欲求です。私は「自分は価値の低い人間だ」、「人に見捨てられたらどうしよう」、という感覚の原因である未解決の心の痛みを心の奥深くに持っており、それはその来談者と共通する痛みでした。そのためお互いの痛みが共鳴したのです。そのために私は彼女の執着の「気」をまともに受けて苦しんだのだと思います。

関係性は相互的です。依存も、互いに引き合ってはじめて成り立ちます。どんな強力な磁石も木材にはひっつかないのと同じように、人から強く依存されて困るのは、自分の中にも、「好かれたい、関心を持たれたい」など、依存してくる相手を求める気持ちがあるからです。ですからその状況を解決するには、自分の中の、相手の依存を引き出した原因を解決することが必要です。心理療法家が心理療法を受ける意味のひとつはそこにあります。

次の項からは、劣等感にとても近い概念である、自己嫌悪感の源について考察します。私の仮説では、自己嫌悪感の底には、親から幼児的な愛情を求める強い衝動と、その衝動に対する罪悪感が潜んでいると思います。

25　自己嫌悪感

スキンシップは子どもの発達にとても重要であり、幼児が親の愛情を求める衝動は、身体的な性質を帯びています。つまり、幼い子どもはお父ちゃん・お母ちゃんから抱っこされたり、膝の上に乗ったりしたがります。そのように親の愛情を身体的に求める衝動についてフロイトは「リビドー」の性質であると考え、広義の意味で性的な衝動であると見なしました。そしてそれが適切に満たされることが健康な性発達に欠かせない、と信じました。ところが、親の愛情を身体的に求める衝動が満たされないと、その程度に応じて、成長してからも、親の関心と愛情を求め続け、しかもその衝動は広義の意味で性的な色彩を帯びたものになります。ところが、成長した人にとって、まるで赤ん坊のように親との密着を求めることには罪悪感が伴ないます。それゆえ、親を身体的に求める衝動は抑圧されます。それが、自己嫌悪感のメカニズムではないかと私は思います。このことについて、次項から例をあげて説明してゆきます。

26　ぼくがビールを入れてあげる！

ある小学校低学年の男の子が、晩酌をしているお母さんに、「ぼくがお母さんにビールを入れてあげる」とグラスにビールを注ぎました。ところが、お母さんが「ストップ、ストップ、こぼれるよ！」と言ったのに男の子は注ぎすぎてしまい、グラスからたくさんの泡がこぼれてしまいました。お母さんは怒って「どうしていつもそんな要らないことをするの！　ストップって言ったときにどうして止めないの！　あんたはバカなんだから！」と怒鳴り、男の子は、「ごめんなさい、ごめんなさい」と泣き出してしまいました。その男の子がお母さんにビールを注ごうとすることは、二度とありませんでした。

27　男の子の気持ち

男の子がお母さんのコップにビールを注ぎたかったのは、お母さんとの一緒の時間を楽しみたい愛情の表現だったでしょう。それはまた、泡をこぼさないようにビールを注ぐ、という難しいことに挑む自己実現の挑戦でもあったでしょう。

ところが、お母さんは、それに失敗した男の子をののしってしまいます。この経験から、男の子は次のような信念を作ったかもしれません。

「物事を正しく行わない限り、ぼくは愛される価値のない人間だ」、「お母さんと仲良くなろうとすると怒られた。だから、もう仲良くなろうとはしないぞ」、「お母さんと仲良くなろうとか、新しいことに挑戦しようとか、そんなことをしたぼくはバカな子だ」。

親子のこんな交流によって、子どもは親への愛情を表現すること、そして親の愛情を求めることを自分自身に禁止するようになります。そしてこのとき親の愛情を求める欲求に、幼児的な身体的愛着の欲求が強く含まれているほど、子どもは自分自身のその自然な欲求を罪悪感のブレーキによって禁止するようになります。すると、親の愛情を求める衝動が「悪く汚い」ものだと感じられ、そんな衝動をもつ自分自身に対する嫌悪感が生まれます。深く慢性的な自己嫌悪感はこのようにして生まれるのではないか、と私は仮説化しています。

28　リストカット

「私がリストカットをしていたのは、今思うと、世界に対して腹が立っていたから。だから世界を攻撃したくなったの。それで、ヘンな言い方になるけど、私という心から見ると、私の体は自分の外側にあるの。それで、自分の外側を攻撃するために、自分の体を攻撃していたの」。

ある女性来談者の言葉です。リストカットをせずにはいられなくなる心理メカニズムの一部として、怒りを自分自身に向けている、ということがあるでしょう。それは劣等感が生じるメカニズムと同じです。

リストカットにはまた、抑圧して感じられなくなってしまった感情を感じる、という目的もあると思います。リストカットをせざるを得ない人の心の中には、激しい孤独感、人から好かれない恐怖、人が自分をありのままで愛し受け容れてくれないことへの激しい憤り、そしてさらにその底には、親を赤ん坊のように身体的に激しく求める衝動、が渦巻いています。しかし、それらの感情を感じるのは辛すぎるので抑圧します。ところが、私たちが感情を抑圧するとき、特定の感情だけを抑圧することはできず、生命エネルギーそのものを抑圧せざるを得ないことがしばしばあります。それがうつ状態です。何もする元気がなく、ただ、抑圧された感情がもたらすわけの分からない不安やイライラだけが感じられます。世界がどんよりした重く暗い灰色になります。

そのとき彼・彼女たちは、生きている実感がないという苦悩から逃れようとして手首を切ります。肉体の痛みによって、生きている実感がないという苦悩からも、わけの分からない不安とイライラからも一時的に気がそがれますし、同時に、温かく真っ赤な鮮血を見ることによって、自分が生きていることが実感できます。

またリストカットには、自分自身を罰する機能もあるのではないか、と私は推測します。なぜ彼・彼女たちは自分自身を罰しなければならないのでしょう。それは、親への憎しみと攻撃心、そして同時に、親を幼児的・身体的に求める衝動があるのですが、それらについて、いけないもの、として罪悪感を抱きます。そんな感情や衝動を持つ〝悪い自分〟でいることは辛すぎるので、その罪悪感を和らげようとして自分自身を傷つけて罰するのだと思います。

激しい自己嫌悪感のもう一つの源として、大人による性的虐待があります。次にそのことについて考察します。

29　性的虐待

性的虐待は子どもの心に深い傷を残します。大人への信頼を失うのはもちろんのことですが、それに加えて、その大人を信じた自分自身に対する信頼も失います。そのことも、性的虐待のとくに重大な悪影響の一つだと思います。

つまり、「世の中には悪い人がいる」と学ぶだけではなく、「自分には、どの大人が悪い人で、どの大人は良い人かを見分ける能力がない」と学ぶのです。それは、その子がこれから生きてゆく上でとても大きな不安の原因になるはずです。

親が子どもを性的に利用する近親姦も、子どもの心に深い傷を残します。近親姦は、親が彼・彼女の幼児的な愛情欲求の充足を子どもに求めることのもっとも極端な例の一つでしょう。親の性的そして情緒的ニーズを満たすために、子どもに配偶者の役割を担わせるのです。

性的虐待が子どもの心にとくに深い傷を残す要因として、良い人・悪い人を見極める力への信頼を失うことに加えて、性的な行為を楽しむ気持ちがあった自分自身への嫌悪感が、ときにあると思います。

親や教師など大人からの性的な行為は、特別な親密さの感覚をともなうことがあるでしょう。子どもは大人の愛情を強烈に求めますから、「自分だけが、（親、先生など）大人と親密で特別な存在になった」ことにひそかな喜びの気持ちを感じることは、しごく当然のことでしょう。また同時に、性的な肉体刺激による快感をともなうことも多くあります。

子どもは、そのような経験をすると、自分を性的に利用した大人を責めるだけではなく、そのことに喜びを感じた自分自身のことがすごく汚く思え、嫌悪すべき存在だと感じて責めずにいられないかもしれません。

性的虐待を受けた来談者の心理療法に当たっては、「自分には良い人、悪い人を見分けられない」、という自信喪失感と不安、そして自己嫌悪感に思いをはせ、来談者がそれらの気持ちを表現したときには、それを見過ごすことなく、「ご自身のことがすごく嫌いだと感じられてお辛いんですね」、「男性は誰も信用できず、男性と交流するのが怖いんですね」などのように、とくに共感的、理解的に応答することが大切だと思います。

30　性的虐待を受けた人がしばしば自分自身を責めることについて

性的虐待を受けた人がしばしば、そのことについて自分自身を責めることがあります。「私が派手な服を着ていたから悪い」、「宴会のあと、二次会に行ったりしたからあんなことになった」、「私があの人にほほえみかけたから。あのときに知らん顔をしておくべきだった」、など。被害者がそう言って自責の念や罪悪感に苦しんでいるのを目の当たりにすると、救ってあげたくなるものです。そのため、被害者の自責を否定したくなります。「あなたが悪いんじゃない。悪いのは加害者よ」、「二次会に行くなんて、誰でもしていることじゃないの」、「話しかけられたら笑顔を作るのは当然のマナーですよ。そうしたからってレイプされていいことにはなりません。ご自分を責めないでください」、など。

しかし、性的被害に苦しむ来談者の自責をそのようにはがし取ろうとしてはいけません。その理由を説明します。

性的被害を受けた人は、世界に対する安全感がひどくゆらぎます。「またあんな被害に遭うんじゃないか」という不安にひどく怯えます。そのため、自分は安全だと少しでも感じたいのです。そして、性的被害を受けたのは自分の言動や服装のせいだと信じれば、これからは安全だと思えるのです。これからはその服さえ着なければ、二次会に行かなければ安全だ、と思えるからです。

そんなことによって絶対に危険に遭わない、ということはあり得ませんから、そんな考え方は非現実的です。しかし、性的被害によって安全感があまりにひどく脅かされている来談者は、わずかな安全感にもしがみつかずにはいられないのです。たとえその安全感が幻想であっても。

彼・彼女に必要なのは性的被害による心の痛みから徐々に回復することです。その過程とともに、安全幻想にしがみつかざるを得ない心のあり方に、少しずつ変化が起きるでしょう。

また、人々が性的被害者を同じ動機から責めることがよくあります。「挑発的な服を着るからだ」など。そんな言動にも同じ心理が働いています。つまり、被害者の非を責めることによって、人々は「自分はそんな行動をしないから安全だ」と安全幻想を信じることができるのです。しかし人々のそんな言動や思いによって、性被害者はさらに傷ついてしまいます。

31　神経症的な訴えと、より深い病理の訴え

ここまで考察して来た、「自分のことが好きになれない」、「自分に自信がもてない」、「自分がダメな人間だと感じる」などの苦しみは、病理水準で言えば神経症レベルだと言えるでしょう。それに比べて、劣等感や自己無価値感があまりに強すぎて、それを感じることさえできないほど自我が脆弱な人たちがいます。そういう人たちはしばしば、「自分は誰よりも優れた人間だ」という信念に執着します。それが誇大妄想と呼ばれる信念であり、それが強く固い人ほど、自己愛性人格障害や、精神病圏の苦しみを抱える人だということになります。そういう人の現実生活は、神経症レベルの人よりもさらにうまく行きません。

もっとも、誰の心にも健康な部分、神経症的な部分、人格障害的・精神病的な部分のすべてがあります（Greenson, 1967）。そして心理的ストレスが高まるほど、いわゆる「普通の人」であっても、神経症的な苦しみや、人格障害的・精神病的な妄想的な信念を持つことがあります。

ここからは、劣等感、自己嫌悪感に苦しむ来談者の援助において心理療法家が留意すべきことがらをお伝えします。

◎心理療法のポイント

(1)　主訴の苦しみに共感すること

過保護で過干渉な親に育てられたために劣等感や自己無価値感に苦しむ来談者は、ほとんどの場合、劣等感や自己無価値感の苦しみが起きている原因を、現在の人生で起きている何らかの出来事だと見なしています。たとえば、仕事で失敗した、受験に失敗した、誰かが自分のことを高く評価してくれない、好きな人にフラれた、背が低い、一重まぶた、などのことが原因で落ち込んでいるんだ、などと見なしているものです。

そのような来談者の援助に当たってまず大切なことは、彼・彼女のその苦しみにとくに丁寧に細やかに共感し、その共感を言葉、声の様子、表情などで返すことです。主訴の苦しみが分かってもらえなければ、来談者は心理療法に来る意味が感じられません。

この、主訴の苦しみに共感するということは、心理療法にあたってはどのような来談者であってもまず重要なことです。

(2)　来談者の抱える深い苦しみに思いをはせること

そして、来談者の主訴の苦しみに共感しその共感を伝えると同時に、次のことを理解しておくことも大切です。それは、現在の人生で起きている落ち込みの出来事（仕事で失敗した、受験に失敗した、人が自分ことを高く評価してくれない、等々）は、彼・彼女のより深く慢性的な苦しみを表面化するきっかけになったものであって、より根本的で深刻な苦しみがもっと深いところにあること、そしてその深い深刻な苦しみの原因は、現在の出来事ではなく、しばしば過去の幼いころに受けた心の痛みにあること、です。

そしてさらに、彼・彼女はその過去の心の痛みには辛すぎて直面できないことも理解し、来談者のそのあり方について受容的でいることが大切です。つまり心理療法家が、より深い苦悩に気づかせようとか、直面させようとか、過去のことを話してもらおうとか、苦しみの本当の原因を見つけさせようとか、そのような思いでいると来談者をさらに傷つけかねません。

心理療法がおこなうことは、受容的、理解的、共感的に来談者と向き合い、その共感的理解と受容を言葉と態度で伝えることとです。それによって、来談者の自己実現の力（心の自己治癒力）が働き出して自分自身により開かれて行き、深くにずっとあった苦悩に徐々に直面してゆきます。

(3) 劣等感が必要であることを理解すること

劣等感に苦しむ来談者の援助に当たって分かっておくべき大切なことは、来談者は劣等感という症状が必要だからその苦しみを手放すことができずに持っている、ということです。と言うのは、もし怒りと攻撃を自分自身に向けることをやめて親に向けたりすれば、来談者が求めてやまない親からの愛情を失うから、そうするしかないのです。苦しいけれどもそれを手放すこともできないので身動きが取れないのです。

来談者の、そうしてもがき続けざるを得ない苦しみを理解することが、深い共感につながります。

来談者は、その苦しみが分かってくれる心理療法家からそのまま受容されるときに初めて、自分自身を受け容れ始めることができ、その身動きできない状態から変わってゆく心の動きが起き始めるのです。

心理療法家がそれを理解しなければ、「劣等感を持つ必要はありませんよ」「あなたは価値ある人間ですよ」と教えたくなります。そのように上手に教えれば、来談者は一時的に気持ちはラクになるでしょう。しかし、劣等感を持たざるを得ない根本的な葛藤はそのままですから、容易にもとに戻るのではないかと私は思います。

また、自分自身に優しい言葉をかけるなど、自分でできるテクニックを教えることもできます。それも、巧みに使えば劣等感の苦しみを一時的にやわらげる効果はあると思います。しかしそれでは、劣等感にしがみつかざるを得ない無意識の心のあり方は変化していないので、心の奥からいつも突き上げてくる劣等感と、「劣等感を感じないよう、この心理テクニックでラクになろう」とする部分との間の戦いはずっと続くはずだと、私には思えます。

(4)　怒りに、繊細かつ共感的に介入すること

子どもは親に対して怒ることができないときに、「自分が悪いんだ」と考えることがある、とお伝えしました。それは言い換えれば「親に対する怒りを自分自身に向けている」ということです。そのような、自分自身を攻撃する防衛機制によって劣等感、自己不全感自己、さらには罪悪感を抱える来談者は多くいます。彼らの援助に当たっては、まずは彼らのなかにある怒りに、とくに繊細に共感し応答することが大切です。

そのような来談者のほとんどは、親に対する怒りを十分には感じられないし表現もできません。ですが、彼らの話を丁寧に理解的、受容的に聴いてゆくうち、怒りを向けやすい人物に対する怒りが徐々に表現されるようになります。たとえば、上司が理不尽な要求をする、知り合いの人が最近は口を利いてくれない、子どもが家でゲームをするばかりで今日も学校に行かなかった、など。また、それらはしばしば怒りの表現なのですが、来談者は自分自身の怒りに対する恐怖や罪悪感があるので、自分が怒っている、ということに気づかないことがよくあります。

彼らが自分自身の怒りに恐怖や罪悪感を抱く理由として、次の三つの可能性があります。

（一）怒りがあまりに激しいので、それが噴出してしまうとコントロールできず大切なものを破壊してしまうのではないか、と怖れているから。

（二）親に対して怒るといっそう愛情がはく奪され、さらに攻撃されたり拒否されたりするから。

（三）「怒るなんて未熟な人間のすることだ」、「感情的になるのは恥だ」、「おとなしく可愛らしくしなければみっともない」、などの道徳的な規範があるから。

来談者によってそれら三つの理由のいずれがどれくらい大きいかは、心理療法が進むにつれて徐々に分かってくることです。

そのような来談者との面接に当たっては、怒りの婉曲的な表現に、とくに敏感に受容的に応答することが大切です。たとえば次のような共感的な応答が考えられるでしょう。

「上司がなぜそんなに理不尽なことを言うのか、とても理解できないんですね」、「その人は昨日会ったときに口を利いてくれなかったんですね」、「お母さんがこんなに心配しておられるのに、お子さんはまた学校に行かなかったんですね」など。

そして、来談者が怒りにより素直になるにつれ、それに合わせて、怒りにもっと率直に応答します。「昨日は上司から理不尽なことを要求されたのでイラっとされたんですね」、「その方が話かけてくれないから、ムッとするお気持ちだったんですね」、「お子さまが家でゴロゴロしていると、すごく腹が立ってしかたないんですね」など。

(5) 自己嫌悪感について

深く慢性的な自己嫌悪感に苦しむ来談者については、親との身体的な愛着を求めていること、そして同時にその欲求に対して強い罪悪感を持っていること、を理解することが大切だと思います。そして親への身体的な愛着の欲求は他人へと移し換えられます。ですから自己嫌悪感の強い来談者が親や他人の関心と愛情を求める衝動には、そのような、相手との密着を求める激しさと執着性がある可能性があります。

(6) 過保護な親の援助に当たって

ここまでお伝えして来たことは、過保護で過干渉な親の面接をするときにも当てはまります。彼らも、自分の子どもと同じく劣等感、自己無価値感の苦しみと闘いながら毎日を懸命に生きているからです。

そして、ここまでにお伝えしたことに加えて、過保護な親の面接に当たってとくに留意すべきことがあります。それは、彼らはしばしば、無条件の安定した愛情を受けられなかったことの深いさびしさに苦しんでいるので、その原因を夫など周囲の人に帰して、「夫が十分に愛してくれない」「家族が私を十分にサポートしてくれない」などの慢性的な感覚に苦しんでいる、ということです。

親の抱いているそんな感覚はしばしば、「私は子どものためにこんなにしてあげているのに、子どもはそれに応えてくれない」という訴えになって表現されます。たとえば、「私がこんなに子どもの気持ちを理解しようとしているし、世話もしているのに、子どもは学校に行かない」、「私が何をしてあげても、子どもは反抗的な態度を取る」といったような不満の訴えがそうです。

そんな親は、自分自身の愛してほしい欲求と、十分に愛してもらえない苦しさでいっぱいで、子どものニーズや気持ちを子どもの身になって理解するゆとりがなかなか持てません。また、愛されない怒りといら立ちを子どもへの攻撃という形で発散してしまい、子どもはそのたびに傷ついています。

そのため子どもの身になれば、親はとても攻撃的で拒否的だったり、また、親の気配り、やさしさ、がんばりが的外れだったりするのです。

そのために子どもが問題行動を起こすので、親の心理的な負担はいっそう大きくなります。過保護で過干渉な親の援助に当たっては、彼らのそういう苦しみに、共感的で受容的な気持ちで思いをはせることが大切です。


この章では、劣等感と自己嫌悪感の苦しみについて考察してきましたが、劣等感が引き起こす症状のひとつに完璧症があります。完璧症の負担にあえぐ来談者はとても多いものです。次の章では、完璧症の生成メカニズムと援助のポイントについて考えてゆきます。

第十章　完璧症

1 「勉強できるように催眠をかけてください」と言う高校生(8)

心理療法家中島勇一氏のもとに、高校生のたかし君がお母さんに連れられてやって来ました。とてもきゃしゃで幼く、高校生には見えない色白の子でした。面接室に入ると、彼のお母さんがまくし立てるように話します。

「この子は、毎朝、私がどんなに起こしても起きられないし、学校にも行けなくなったんです。おなかが痛いとか頭が痛いとか言い出して。何とか助けてやってください。」

そこで中島氏がたかし君に質問するのですが、お母さんが口をはさんで答えてしまいます。そこでお母さんには面接室の外で待ってもらうことにして、中島氏はたかし君と二人っきりになりました。

するとたかし君は中島氏にこう言いました。

「ぼく、毎日一時間しか机に向かうことができなくなったので、毎日五時間勉強できるように催眠をかけてください。成績の悪い人間は幸せになれないから、どうしても成績をあげないといけないんです」。

そう言う彼の顔は無表情で、眼には生気がありません。

2　完璧症の苦しみ

たかし君は、毎日五時間勉強して成績を良くしなければ幸せになれない、と信じているのですが、完璧症の人は彼のように、ものごとを完璧にやらなければいけない、と感じてそれが大きなプレッシャーになっています。そしてそのプレッシャーと、「うまくできなかったらどうしよう？」という不安の板ばさみに苦しみます。加えて、物事をすぐに始めることができず、ぐずぐずと先延ばしにしてしまうこともしばしばです。

また、何かに取り組んでいても、「これではダメなんじゃないか？」と不安になることが多いし、完成しても、「まだダメなところがある」「もっとギリギリまで頑張らないと」という思いに縛られ、些細なことにこだわって作業をやめることができず、締め切りに遅れてしまうこともよくあります。さらに、完成した仕事についても、「これではダメなんじゃないだろうか？」と不安ですから、人から悪く評価されることが怖くてたまりません。そして少しでも低い評価をされると、それが強烈に心に記銘されます。その結果、自己嫌悪感に襲われ、「やっぱり自分は完璧じゃない。これじゃダメだ」と落ち込みます。

さらに、完璧症の人は、認知行動療法で言う「オール・オア・ナシング all-or-nothing（全か無）」の思考パターンに支配されがちで、何か嫌なことがあったり、うまく行かないことがあったりすると、「すべてがダメになった」と絶望的な気分におちいり、投げやりになってしまったりします。

（8）この高校生の事例は、心理療法家中島勇一氏の著書『癒しのヒプノセラピー』（七八頁）から引用しました。

高校生のたかし君が勉強ができなくなったのは、そのような感じ方、考え方が引き起こす症状の典型的な例です。

3　たかし君の葛藤

たかし君の心の中には、次のような異なる感情や意図がありました(9)。これらの感情と意図は互いに矛盾しているため、たかし君は身動きが取れずに苦しんでいたのです。

【非現実的に高い理想的な自己像】

「感情に振り回されず、すべてを有能にこなす人間にならなきゃダメだ」

「学校に行ったら、成績が悪いからみんなからバカにされる。それは辛すぎて学校に行けない」

「勉強ができず学校に行けないぼくはダメ人間だ」

【親の愛情を求めてやまない寂しさ】

「良い成績を取って、お父さんに認めてほしい」

「不登校や体調不良などの問題を起こすと、両親がぼくにかまってくれる」

【親についての心配】

「お母さんはさびしくてかわいそう。だからぼくは学校に行かずお母さんのそばにいてあげないといけない」

「お父さんとお母さんは仲が悪いから家庭が壊れるんじゃないか。それが怖くてたまらない。ぼくがこうして問題を起こすと、両親は『たかしのことを心配する親』として一致団結する。だから両親の仲を守るために、この問題を手放すことはできない」

【自己実現を求める衝動】

「お母さんに支配され続けるのはもうイヤだ！　自立したい！　学校に行け、勉強しろ、と押しつけるお母さんの言いなりにはならないぞ！」

こうして見てゆくと、たかし君の心にあるのは、自分自身への高すぎる理想像、理想通りではない自分自身に対する劣等感、親が認めてくれず愛してくれない辛さ、親の愛情を求める衝動、家庭についての不安、自立と自分らしさを求める衝動、であることがわかります。ここからは、彼のこれらの思いについて考察してゆきましょう。

4　勉強する動機には二種類ある

たかし君は、不登校になるまではよく勉強する生徒だったようです。しかし、熱心に勉強する生徒の中には、完璧症の不安と苦しみから必死に勉強している子どもたちと、自己実現を求める衝動からがんばっている子どもたちがいます。

つまり、「完璧にしなけりゃダメだ」、「成績が悪い人間は価値が低い」、「偏差値の高い学校に行かないと親が認めてくれない」という不安から勉強する子どもたちもいれば、「新しいことが学べて楽

（9）　中島勇一氏『癒しのヒプノセラピー』（八〇頁）をもとにしています。

しい」とか「この志望校には自分にピッタリのこんなカリキュラム、環境があるから、そこで学び、自分の能力を伸ばしたい」という思いで勉強する子どもたちもいるということです。

もっとも、現実には受験生のほとんどは、完璧症の不安と自己実現の欲求の両方から努力しているもので、それぞれの動機の強さが人によって違っているのだと思います。しかし、ここでは理論的にその二つを分けて考えます。

それら両タイプの生徒たちは、どちらも同じように机に向かって勉強していますから、一見するとどちらも区別がつかないでしょう。しかし彼らの気持ちのあり方は内面ではかなり違っているはずです。

5　自己実現を求める衝動と完璧症の違い

自己実現を求める衝動から努力する生徒ほど、勉強そのものに意味を感じるし、うまくいかなかったらどうしよう、という不安も完璧症の生徒ほど強くないので、ストレスは低いものです。そして、志望校に合格したときには「やったー！」という自己実現の喜びを感じます。もしうまくいかなかったときには落胆したり悔しかったりしますが、立ち直りも比較的早いでしょう。

それに対して、完璧症の不安から努力する程度が高い生徒ほど、勉強自体には意味を感じないし、不合格の不安がときには自我を圧倒するほど強いので、高いストレスを感じます。そのため、勉強しても成果が上がらないことがしばしばあります。

そして志望校に合格したとき感じるのは、自己実現の喜びよりも、「失敗しなくてよかった」という安堵感でしょう。それは、「自分が能力のない（結果を出せない）ダメ人間であることが露呈しなくてよかった」という安堵感です。しかしその安堵感も長続きしません。次の挑戦に当たっては、「さっきは成功できたけど、次は失敗したらどうしよう？」という不安がふたたび押し寄せます。

そして、もしその生徒が不合格になったときには、「やっぱり自分はダメ人間だ」という、心の底の劣等感に直面することになります。そのときには、落ち込んだり、うつ気分が強くなったり、絶望感におちいったりすることがあるかもしれません。そしてそこからの立ち直りは非常に大変なことも多いでしょう。

先ほどのたかし君は、完璧症の不安から勉強していた極端な例です。

仕事をする社会人のなかにも、自己実現に向けて積極的に仕事をこなしている人と、劣等感、うつ気分、不安などの苦しい感情を感じないようにする目的で強迫的に仕事に駆られている完璧症の人がいます。

そのような完璧症の苦しみは、人が自分の潜在能力を開発し、能力を発揮してイキイキと生きることに対して大きな障害になります。そんな完璧症の不安のもとには、前章で考察した劣等感の苦しみがあります。そこで、完璧症の重荷がどのようにして生じるかを理解するために、劣等感のメカニズムを簡単におさらいします。

6　「良い子」でなければ愛してもらえない

第二章「無条件の愛情を求める衝動」で考察したように、子どもは、親から無条件に認められ受け容れられることを強烈に求めます。しかし、そうしてもらえた実感が乏しいほど、成長してからも親の愛情を求め続けます。そのため、親から受け容れてもらおう、親からよく評価されようとして、親の価値観にしがみついたまま成長してゆきます。

そのような子どもが大人になると、しばしば、とても固い道徳観念を持つ大人になります。「正しくあらなければならない」という観念です。それは、彼らは親から押し付けられた「正しさ」にしがみついているからです。しかもそういう人は、何が正しくて何が正しくないかを自分が決め、それに合わない他者を攻撃したり軽蔑したりします。そうして、自分が思う「正しさ」の基準に合わない他人を劣等だと感じて見下し腹を立てながら、「私は正しい人間だ」という優越感を感じています。しかしその優越感の根本には、「自分の中には、本当は、親が認めないような正しくない部分があるんじゃないか、そんな自分は本当は、劣等なんじゃないか」という恐怖があります。つまり、「自分は本当は劣等ではないか」という恐怖です。

子どもは、親が無条件に認め受け容れ愛してくれないとき、「親が愛してくれない自分でいては絶対にいけない」と感じるとともに、「私は、親が認めない部分とは全く違う、理想的な人間だ」と信じようとします。

7　勉強をしない人間を見下す意識

たとえば、勉強をしない怠惰な態度についてひどく叱られたり、そうして兄弟姉妹が拒絶されたのを見た子どもはしばしば、「勉強をしないと親は愛してくれない。これからは絶対に怠惰であってはいけない」と信じます。それと同時に、自分自身の中にある怠惰な部分を憎み、「そんな部分は自分の中にはない、自分はよく勉強する人間だ」と信じます。それは、親から愛されない怠惰な自己像とは正反対の、いつも進んで勉強する理想的な自己像になります。こうして、「私は理想的な人間である」という尊大な思いと、「ダメな自分になったらどうしよう」という不安の中に生きるようになります。

このように、劣等感の強い人はその苦しさから逃れようとして優越感が強いし、優越感の強い人は、隠された劣等感に苦しんでいます。劣等感と優越感は同じ個人の中にかならず同居します。

ですから、たとえばたかし君は、劣等感や落ち込みに苦しむ友だちを見ると、「誰でも失敗したりうまく行かなかったりすることはあるよ。完璧じゃなくてもいいんだよ」と優しい言葉をかけるかもしれません。ところが自分自身に対しては、完璧じゃないから、と劣等感や落ち込み感を感じるのです。それは、心の奥深くに、「他人はそもそも完璧な人間じゃないから失敗しても許されるけど、ぼくは彼らと違い本来は完璧なはずだ」という信念があります。劣等感に苦しむ人は、心の底にそういう尊大さを持っています。

8　マナーを守らない人に対する怒り

同じような心の動きは、マナーを守らない人に対する怒りとして表れることもあります。たとえば、大学の授業中に私語をする学生たちに対して、非常に怒る学生がいます。

もちろん、他人が私語するせいで講義が聞きづらくなれば迷惑です。しかし講義が聞きづらい不便さだけが問題なのではなく、「マナーを守らないヤツに腹が立つ」ということであれば、そこには、講義が聞こえないという現実に即した反応とは別の怒りがあり、それは、「授業中の私語は禁止」という規範を守らないことに対する怒りです。そしてその怒りは、「自分も本当は私語をしたり笑ったり、したいことを自由にしたい」という欲求があるのに、そう感じている自分自身を受け容れることができず「自分はマナーを守る正しい人間だ（＝優越した人間だ）」と信じてその欲求を抑圧しているとき、より激しくなります。同じことはたとえば、電車のマナーや映画館のマナーなどを守らない人に対して怒りを感じるときにも言えるでしょう。

このように、親から無条件で受け容れられた、という実感が乏しく育った子どもほど、「いつも正しくあらねばならない」、「勤勉でなければならない」、「女性らしく魅力的であらねばならない」などの、「愛される条件」を自分のものとして取り込みます。そのとき、自分の中にある理想に合わない感情や欲求を憎みます。そしてそれを他人の中に見るとき、つまり「正しくない他人」、「怠惰な他人」、「魅力的ではない他人」を見るとき、その他者に対して怒りや軽蔑心が生じます。

次に、完璧症の来談者の援助に当たって、とくに留意すべきことを考察します。

◇心理療法のポイント

(1)　治そうとするのではなく、理解しようとすること

完璧症の重荷を背負っている来談者は、心の奥底で症状が必要だと信じているから手放せないのです。と言うのは、もし物事を完璧におこなわなければ、彼・彼女がうすうす感じている劣等感、自己

無価値感に直面することになるからです。それをフルに感じるのは、あまりに辛すぎることなのです。

そうして身動きできなくなっている来談者の苦しみを彼・彼女の身になって理解しない心理療法家は、来談者の完璧症の思考・行動パターンを変えようとします。すると来談者は、症状にしがみつかざるを得ない苦しいあり方を理解も尊重もしてもらえないので、心理療法の対話が、完璧症の症状にどう対処するか、という表層的なレベルでとどまってしまい、深まらないでしょう。

またそういう来談者は、心理療法家に合わせて、「そうですね、完璧にするのは無理ですよね。もっと自分に優しくします」などと答えるかもしれません。しかし、自分に優しくしよう、という意識的な決断では深い変容は起きません。そこで、完璧症の不安を感じそうになるたびに、「自分に優しくしなければいけない」と不安と戦おうとしますので、心の中の葛藤をさらに増やしてしまうのではないか、と私には思えます。

ですから心理療法家にとって、来談者に深いレベルでの変容をもたらす関係を育むために大切なことは、来談者の完璧症に苦しまざるを得ないあり方を理解し、それをそのまま受容し、完璧症の不安が辛いのにそれを手放すことができず身動きが取れない、その苦しみに共感することだと思います。

(2) 完璧症の不安に共感すること

完璧症の人は、「親から無条件に愛してはもらえなかった、親の求める価値観に合った行動をしなければ、受け容れてはもらえなかった」ことの寂しさ、悲しさ、そして怒りを抱えています。しかしそれらの感情はほとんどが無意識の領域へと抑圧されています。つまり、悲しさ、寂しさ、怒りは、ほとんど感じられていないか、または、その一部しか感じられていません。

その抑圧を維持する手段として完璧症の人がしばしば用いているのが、怒りを自分自身に向ける、という防衛機制です。

そのような来談者の心理療法に当たってまず大切なことは、心理療法の鉄則である、主訴の苦しみに共感することです。彼らは自分がおこなっていることについて、「これじゃ不十分だ」、「もっと早くしなけりゃ」、「欠点のない、ミスのない仕事をしなけりゃ」、「完璧になるように締切ぎりぎりまで頑張らなければ」などの不安と焦りに追いたてられています。

また、親から無条件に愛してもらえなかった、ということの寂しさを埋めようとして、他人からの高い評価を強く求めます。それゆえに、「人から欠点を指摘されるのではないか」、「悪く評価されるんじゃないか」という強い不安を慢性的に感じています。

完璧症に苦しむ来談者が心理療法の初期に語る苦しみは、多くの場合にはそれらの苦しみですから、まずはその苦しみに共感的に介入することが大切です。

たとえば、「まだまだダメだ、という感じがするんですね」、「ミスの無いようにしないといけない、とプレッシャーを感じて苦しいんですね」、「上司からミスを指摘されるのが、本当に怖くてたまらないんですね」など、来談者の苦しみを、その情緒の激しさに合った言葉で返します。

(3) 劣等感の苦しみに共感すること

また彼らは、前述したことですが、無条件に愛してくれなかった親への激しい抑圧された怒りと憎しみがあり、それを自分自身に向けるせいで、劣等感に苦しんでいます。ですから、完璧症の来談者は遅かれ早かれ、その劣等感の苦しみをセッションの中で感じて語るでしょう。

このときに気をつけるべきことがあります。彼らが感じている劣等感は非現実的だということです。たとえばその分かりやすい例として、偏差値の高い有名大学の学生が、自分の能力にひどく劣等感を感じている、ということがあります。でも彼らがそう感じるのは客観的に能力が低いからではなく、親から無条件に愛して受け容れてはもらえなかった過去があるからであり、そのことへの怒りを自分自身に向けているからです。そのことを心に留めて、彼らの一見すると非現実的な苦しみに、共感的かつ受容的に思いをはせることが大切です。

本章では完璧症のメカニズムと援助のポイントについて考察してきましたが、完璧症のメカニズムと多くの共通点を持つ症状の一つとして、対人恐怖があります。次章では、対人恐怖症のメカニズムと援助のポイントを考察します。私の経験では、対人恐怖は来談者のほぼ全員が抱えている症状ですし、また、対人恐怖のゆえに心理療法家にも心を開いて話すことが難しくなります。ですから、そのメカニズムと援助ポイントを理解することは、心理療法の実践においてとても大切なことだと思います。

第十一章　対人恐怖・視線恐怖（および引きこもり、不登校、出社恐怖）

1　部下が怖い上司

中間管理職の女性が語ります。

「部下に何も言えないんです。怖くて。たとえば、仕事の進み具合について、『あれ、どうなってるの？』とか『この件は調べてくれた？』とか、ちょっとしたことが怖くて聞けないんです。だから仕事も先延ばしにしてしまうんです。期限ギリギリになってしまって……。部下には、怖くて指示も出せないんです。私の職場は女性がほとんどの職場なんですけど、以前は私は恐い上司で、ガンガン言うタイプで、すごく怖れられていたんですけど、三年前にうつ病になって、それ以来かな、部下が怖くて、……身動きできないんです……」。

2　対人恐怖は怒りの投影によって起きる

対人恐怖（対人不安）症状の原因は、怒りの投影だと私は考えています。それについて説明します。

対人恐怖の症状に苦しむ人は、自分の中にある怒りが怖くて受け容れられません。それゆえ、怒りを無意識の領域へと押し込めているのですが（それを抑圧と呼びます）、その怒りは、まるで地中深くにあって地上へ噴火して吹き出そうとしている熱いマグマのように、いつも意識の表面へと湧き上がってこようとしています。

ところが彼・彼女は自分の心の中に激しい怒りがあるなんて、恐ろしすぎて認めることができませんから、「自分の中に、何かわけのわからない恐ろしいもの、邪悪なものがある」と感じます。それは、わけの分からない不安として感じられるはずのものなのですが、わけの分からない不安というものはあまりに怖ろしすぎるので、自分は何が不安なのかを分かろうとします。そうして、「そうか、周りの人間がぼくを攻撃しようとしているんだ。だからぼくはこんなに恐怖を感じるんだ」という理屈づけをおこないます。これが対人恐怖の中心的なメカニズムだと私は考えています。

なお、不登校、出社恐怖、引きこもりといった症状の原因の一つに対人恐怖があります。つまり、クラスメート、同僚、上司など、人が恐いから学校や会社に行ったり外に出たりできない、ということです。私の経験から推測すると、不登校の子どもたちのほとんどが強い対人恐怖に苦しんでいると思います。また、引きこもりに苦しんでいる人は、そうでない人たちに比べて対人恐怖の程度が高いことが、実証的研究で示されています（渡部・松井・高塚　二〇一〇）。

3　対人恐怖に苦しむ来談者は、怒り・攻撃性とは無縁な人だという印象を与えることが多い

対人恐怖に苦しむ人と話をすると、始めのうちは、彼・彼女は怒りとは無縁の人であるような印象を受けるものです。とても理性的・論理的で、感情がほとんどないような感じを受けたり、腰が低く

てとても謙虚な印象の人だったり、おとなしく引っ込み思案で優しい感じの人だったり、にこやかで控えめな感じだったりします。（もっとも、激しい視線恐怖に苦しむ来談者など、怒りが抑圧しきれずピリピリしたトゲのように攻撃性が表れている来談者もいます。視線恐怖の来談者については、のちの項でお伝えします。）

彼らがそのようにいかにも怒りとは無縁な感じがするのは、彼らの意識から怒りが排除されている（抑圧されている）からです。また同時に、心理療法家であるあなたから攻撃されたり拒絶されたりすることが怖くて、謙虚で控えめな態度を作ったり、理性的にふるまったりしているからでもあります。

では、対人恐怖に苦しむ人はなぜそんなに激しい怒りを抱えているのでしょう。そのことについて次の項で考察します。

4　怒りの源

対人恐怖に苦しむ人の怒りはどこから来るでしょう。私の心理療法の経験では、最も根本的な源は、親から無条件に愛してもらえなかったことの怒り・憎しみです。それ以外の、友だちや職場の人への怒りももちろんあるでしょうが、対人恐怖に苦しまざるを得ないほどの激しい怒りを感じざるを得ない原因は、幼少期の親との関係にあると思います。

そう考えられる根拠の一つは、対人恐怖というものは、転移反応が広く一般化された反応だからです。たとえば仮に、来談者が理不尽に怒る厳しい係長に対して腹を立てており、それよりも深い、怒りに関する深い心の傷は持っていないとしましょう。もしそうであればその来談者は、その係長に対しては近寄りたくないと感じたり腹を立てたりするでしょうが、それ以外の一般の人たちに対してまで広く恐怖を感じることはないはずです。

「人が怖い」という広く一般化された転移反応は、非現実的で極端な転移反応です。そして、それほどまでに非現実的な反応を起こすのは、職場や学校の人間関係で傷ついた、ということにとどまるのでなく、病理の根がそれだけ深いからです。私の心理療法家としての経験では、対人恐怖に苦しむ人は、幼いころから、親から無条件の温かい安定した愛情を感じることができず、そのことから来る深い悲しみと孤独感、そして同時に強烈な怒り、敵意、攻撃性を心の奥に抱えながら生きています。

ですから、心理療法が進むにつれ、それらの感情が実感をもって語られるようになります。

怒りは、本来とても大切な感情です。それによって自分自身を守ることができるからです。ところが、なぜ対人恐怖に苦しむ人は怒りをひどく怖れるのでしょう。次の項で考察します。

5　暴力が怒りへの恐怖を作る

怒りに対する恐怖は、いくつもの源があり得ます。

その一つ目として暴力が挙げられます。夫婦間の暴力を見た子どもや、怒る親から身体的、言語的な暴力を受けた子どもは、怒りとは暴力である、と実感をもって学びます。すると、怒りという感情自体がとても怖くなるでしょう。

6　怒りをコントロールできない恐怖

第二章「無条件の愛を求める衝動」の、「５　両親を殺害しようとした女子中学生たち」（本書三〇頁）でお伝えしたように、子どもが親の無条件の愛を求める衝動は強烈ですから、親の無条件の愛情が得られないとき、子どもは激しい怒りを感じます。その激しい怒りが自分の中で押し殺されると、やがて殺人的な憎悪にまで膨れあがることがあります。

私たちは、自分の中にある攻撃性があまりに激しいことを無意識的に感じるとき、怒りが爆発したらコントロール不能になるんじゃないか、と怖れます。そのため、怒りを押し殺そうとします。それが、怒りを怖れる二つ目の理由です。

7　親の愛を求めるゆえの抑圧

私たちが自分の中にある怒りを怖れる三つ目の理由は、親に対して腹を立てると拒絶されることです。とくに、親自身の心の中に、幼少期に愛されなかった心の痛みが強くあるほど、子どもからの愛情と関心を強く求めるので、子どもから怒りを向けられることが耐えられません。すると、子どもが怒ったときに殴る、ける、やけどを負わせるなどの身体的な暴力や、怒鳴る、ののしるなどの言葉の暴力によって抑えつけようとしたり、口を利かないなどの無視をしたり、またはとても不安になってオロオロしたりします。

すると、子どもは「お父ちゃん、お母ちゃんに腹を立てると愛してもらえない、見捨てられてしまう」と実感します。それが、私たちが怒りを怖れる原因の一つになります。

このように親が子どもからの愛情と関心を求めるのは、親子が逆転したあり方です。親が子どもへと依存的な甘えの転移反応を向けるとき、このような逆転した親子関係が生まれます。それは、本来は自分の成長のことで精いっぱいであるはずの子どもにとって大きな負担です。親の情緒的な面倒まで見なければならないからで、それは、子どもにとって不当な要求でもあります。そんな重荷を背負わされた子どもは、親から無条件に愛された、という実感が乏しく育つことになります。このようにして、親の心にある癒せていない傷つきは、子どもへと繰り返されるのです。

8　超自我による怒りの禁止

私たちが怒りを怖れる四つ目の原因は、社会的・文化的なものです。
「感情的になるのはみっともない。理性的でなければならない」、「怒ったりしない優しく愛想の良い人でなければならない」などの文化的な価値基準がそれです。そのような価値基準は、学校の先生、友だち、テレビや雑誌など、さまざまな媒介物を通して子どもに伝えられますが、その中でも最も大きな影響力をもつのは親でしょう。

このような、文化的・社会的な道徳規範が私たちの心に内在化されたものを、精神分析理論では超自我と呼びますが、私たちが怒りを怖れるのは、怒りは道徳的・倫理的に良くないものだとする、超自我による規範が一因になることがしばしばあります。

とくに、「親の価値観に忠実に従ってこそ、親は私を拒絶しないで受け容れてくれる。だから親の期待通りに生きなければならない」と感じて育った人ほど、親を通じて内在化した文化的・社会的規範や道徳基準にしがみつき、それをかたくなに守ろうとします。そのため、たいへん保守的な価値観を持つ大人になることが多くあります。

9　怒りを怖れるとくに重要な原因

このように、私たちが怒りを怖れる原因には次の四つがあります。(一) 怒りが身体的、心理的暴力と結びついていること、(二) 怒りがコントロールを失って暴発する恐怖、(三) 親の愛情を失う恐怖、そして (四) 超自我による道徳的規範。

それらの原因のために、私たちはしばしば怒りを自分でも気づかないうちに抑圧し、感じられなくなります。なかでも対人恐怖に苦しむ人は、怒りが怖くて感じることができず、代わりに、怒りとそれから来る攻撃心を周囲へ投影して、周りの人間が自分を攻撃したり軽蔑したりする、と感じて苦しむのです。

自分の中の怒りに怯えて抑圧する四つの原因のなかでも、心理療法によって比較的変化しやすいのは超自我による命令でしょう。来談者は、怒り、憎しみ、攻撃心を感じて語っても、心理療法家が共感的で受容的であるとき、「怒りを感じてもいいし、怒りはそれほど危険なことではないんだ」と感じます。その経験を通して、自分自身の怒りに対してより受容的になります。

それに比べて、解決にとくに時間がかかり、また、それだけ心理療法家の高い能力が必要になる原因は、親の愛情を求めるあまりに怒りを抑圧することではないかと私は思います。

それが解決するためには、親の愛情を自分が今どれほど強烈に欲しいか、それが得られなかったからどれだけ悲しく寂しく辛いかを、感情をありありと感じながら語る過程が必要になります。それは来談者にとって、長年にわたってずっと無意識領域に抱え苦しんできたあまりに強烈な苦悩を、「いま - ここ」でひしひし、ありありと感じる苦しい過程です。それゆえに、その過程が起きるには長い期間が必要になることが多いと思います。

対人恐怖のとくに激しい症状に、視線恐怖があります。次の項ではそれについて考察を深めます。

10　視線恐怖

「今日、ここに来るのも必死の思いだったんです。駅では周りの人間がぼくをジロジロ見るし、ぼくの悪口を言っているし、こわくてこわくて……。だから、せめて人から見えないようこの大きくて真黒なサングラスをして、マスクをかけて、周りの悪口が聞こえないようイヤフォンをして音楽のボリュームをいっぱいに上げて、やっとの思いでここに来たんです」。

これは、視線恐怖に苦しむある来談者の訴えです。視線恐怖は被害妄想の一種ですが、それも怒りの投影によって起きるものだと思います。そして私は、被害妄想の内容を聞けば、その来談者の心の中にどんな攻撃的なファンタジーが抑圧されているのかが分かるのではないかと思います。

たとえば、殺人的なほどの激しい憎悪をもっており、それが恐ろしすぎて感じられない人は、その攻撃衝動を投影し、「他人がぼくを殺そうとしている」という妄想になるのだと思います。また、（成績が悪いなど）能力がない、ということで親から拒絶されたと感じている人は、能力がない自分自身のことをひどく憎み軽蔑しており、そこから来る劣等感を保証するために「私は優越した人間だ。それに比べて他人は無能で劣等だ。そして、私はそんな劣った人間が許せない」という、優越感と攻撃性に満ちた思いを持っています。そして、その思いを、自分自身のものとして受け容れることができない場合に、それを他者へと投影して、「他人が私をバカにし、私を攻撃しようとしている」という妄想になります。

11　引きこもり、不登校、出社恐怖

引きこもりにはいくつかのタイプがあると思います。たとえば、うつ症状がひどくて何をする元気も出ないために家にいる場合、「引きこもり」と見なされることがあるでしょう。または、「外出先でパニック発作に襲われたらどうしよう」と不安で家から出られないこともあります。

しかしそのいずれでもない引きこもりの場合には、対人恐怖が激しすぎるために外に出られないことが大きな要因でしょう。そのことは不登校と出社恐怖の多くにも当てはまると思います。

また、そのような引きこもり状態にある人は、第八章「自分が何をしたいのかが分からない、生きている実感がない」という苦しみも抱えているため、就職活動もできません。

さらに、引きこもり状態にある人々の一部は、第九章「劣等感と自己無価値感、および自己嫌悪感」の「25　自己嫌悪感」（一四五頁）で考察した、親を（広義の意味で）性的に求める衝動、つまり、幼児が親との身体的密着を求める衝動を強く抱えていると思います。彼らが、成長したあとでさえ親

を身体的に求めざるを得ないのは、幼児期の親の愛と関心を求める衝動がひどく満たされなかった深い傷つきによるものだと私は考えます。また彼らは親を性的に求める衝動と同時に、その衝動に対する根深い罪悪感を抱えています。このことは、親に対して異常なほど激しく怒ったり親に対して暴力的になったりする人、または、親と同じ家に住んでいながら親との交流を極端に避けようとする人にとくに当てはまると思います。彼らは、自分の中にある、親を（広義の意味で）性的に求める衝動をひどく怖れているために、その反動形成として親に激しい嫌悪感と怒りをもつのではないか、と思います。

次の第十二章「強迫性障害（およびパニック障害）」の最初に、「1　ある男性来談者の訴え」として、母親が彼の持ち物を触ると我慢できないほど激しく怒り狂う男性が出てきますが、その男性はそのような、母親を幼児的に求める衝動と、それへの罪悪感と嫌悪感が非常に激しい例かもしれません。

そのような、親を幼児的・身体的に求める衝動とそれに対する罪悪感との葛藤に苦しんでいる人の心理療法は長くかかることが多いと思います。親を幼児的・身体的に求める衝動を意識化できるようになるには、強い罪悪感のために、かなりの時間がかかるからです。

では次に、ここまでの理解をもとに、対人恐怖および視線恐怖に苦しむ来談者の心理療法に当たってとくに留意すべき点について考えてゆきます。

◇心理療法のポイント

(1)　来談者は症状を必要としている、ということを理解すること

視線恐怖に苦しむ人に、「他人はあなたのことをジロジロと見たり、悪口を言ったり、あなたを殺そうとしたり、そんなことはしていませんよ」と説得しようとすると、激しく反論されます。

彼らが視線恐怖の妄想にしがみつくのは、視線恐怖の症状を必要としているからであり、同じことは対人恐怖の症状にも言えます。と言うのは、もしも対人恐怖・視線恐怖に苦しむ人が感じている不安が外から来たものではないとすれば、すなわち、他人が彼・彼女について悪く思ったり攻撃したりしているのでないとするなら、彼・彼女が感じている不安はもとから自分の中にあるものだ、ということになります。そして、その不安の正体は、恐ろしくて耐えられないほど激しい怒りや憎しみなのです。その感情に直面し、それをありありと感じることはとてもできないので、周囲の人間へと投影することによって何とか自分自身を保っているのです。

視線恐怖の人はそれに加えて、「周囲のすべての人たちが自分に注目している」と信じているのですが、そう信じなければ寂し過ぎて耐えられないのです。

たとえば先ほど例に挙げた、大きな真っ黒のサングラスをかけ、マスクをして電車で来た来談者は、周囲の人たちから見られないようそんな格好をしたと訴えていますが、そんな奇妙な格好は却って目立ちます。そこに、視線恐怖に苦しむ人の持つ、みんなから注目されなければ辛くてたまらない、という激しい愛情飢餓感がうかがえます。それはまた、周囲のすべての人たちに向けた恐怖の陰性転移とともに、関心がほしくてたまらない、という陽性転移が同時に存在している例の一つです。

このように理解するとき、「周囲の人はあなたに注目していませんよ」と伝えようとする心理療法家は、来談者のあまりに激し過ぎる孤独感の苦悩を理解していないと言えるでしょう。来談者の身になれば、そんなことを言われても受け容れるわけにはいきませんし、もし仮にそれを実感として受け容れたりすると、ひどい抑うつ状態におちいってしまい、生活さえできなくなる恐れがあります。

ですから心理療法に当たっては、症状を持たざるを得ない来談者の激しい愛情飢餓感と憎しみの苦悩に共感し、その苦悩に耐えて必死で生きている来談者を受容することが大切です。

(2) 来談者の怒りに、敏感かつ繊細に対応すること

対人恐怖に苦しむ来談者（不登校、出社恐怖、引きこもりを含む）の心理療法においてとくに大切なことは、彼・彼女の怒りの表現をとくに敏感にキャッチし、それに受容的、共感的に応答することです。

しかし、彼らは自分自身の中にある怒りにひどく怯えていますから（ただし、その怯えすら、抑圧され感じられていないこともしばしばあります）、初めのうちは彼らからは怒りは感じられないことが多いでしょう。それでも、心理療法家の受容的で共感的なあり方が徐々に伝わるにつれ、彼らの怒りは少しずつ婉曲に表現されてきます。

たとえば、「あの人がなぜあんなことを言うのか理解できない」とか、「なぜこうしないといけないんだろう」などの発言が、不満、反発心、怒りの婉曲な表現としてなされるかもしれません。そのときには、怒りに共感するとともに、その怒りが恐ろしくて受け容れられないことにも共感し、受容的に「あの人がなぜあんなことを言うのか、理解できないんですね」、「なぜそんなことをしないといけ

ないのか、理解できないんですね」などのように応答すると適切なことが多いでしょう。その交流を進めるうちに、来談者は、上司など比較的怒りを向けやすい人々に対する不満や怒りをよりはっきりと感じ、語りやすくなってゆきます。

(3) 来談者の激しい転移反応を理解し、共感的に受け止めること

対人恐怖に苦しむ来談者の心理療法において根本的な変容をもたらすのは、来談者が心理療法家に対して腹を立ててそれを表現することであり、そしてそのときに、心理療法家が怯えたり来談者を攻撃したりせず、怒りを受け止め共感し、そんな来談者に受容的な態度で接し続けることです。そのことは、本書の第七章「激しい孤独感」の、「心理療法のポイント」（一〇四頁～）にある、「転移について理解すること、転移関係における新しい経験が、根本的な癒しと変容をもたらすということを理解すること、自分自身の未解決の心の葛藤を高い程度に解決すること」で詳しく考察したことです。そしてそれは、どんな来談者との心理療法においても基本的で大切なことですので、よく学んで理解していただきたいと思います。

本章では、対人恐怖と視線恐怖の症状が、怒りを自分自身から切り離して他人へと投影したために生じるのだ、という理解について学んできました。それと似た防衛機制として、耐えがたい感情と衝動を、他人ではなく物などへと外在化すると、強迫性障害の症状が起きてくるのだと私は思います。

次の章では、強迫性障害のメカニズムと援助のポイントについて考察してゆきます。

第十二章　強迫性障害（およびパニック障害）

1　ある男性来談者の訴え

「細かいことが気になって、すべてをきちんとしないと気が済まないんです。最近はそのために仕事にも生活にも支障が出ているし、自分がやりたいことをする時間も気力もないんです。たとえば、家を出るときには、ガスの元栓を閉めたか、玄関の鍵を閉めたか、何度も何度も確認しないといられないんです。それに、手がすごく汚く感じて、何度も洗うんです。電車の吊革は汚くて触れないし。また、机の上は定規で測ったようにきちんと並んでいないと嫌なんです。それに、母がぼくの部屋に入ってきてぼくの物を触ると、もう強烈に腹が立ってたまらなくなり、怒鳴ったり物を投げつけたりしてしまうんです」。

2　強迫性障害の症状について

強迫性障害とは、強迫観念または強迫行為に苦しむ精神疾患を指します。

強迫観念に苦しむ人は、「泥棒に入られたらどうしよう」、「家が火事になったらどうしよう」、「エイズになったらどうしよう」、「あそこの赤ん坊を、ぼくがとつぜん奪って窓から投げ捨てたりしたらどうしよう」、「車で人を引き殺してしまったらどうしよう」などの強い不安が頭を離れません。

　強迫行為に苦しむ人は、体が汚く感じて手や体を洗い続けたり、火を消したか、鍵をかけたか、書類にミスがないか、などを何度も何度も執拗に確認したりせざるを得ません。また、机の上や部屋の物が自分の定めた特定の形に整理されていないと不安になって、何度も確認したり直そうとしたりすることもあります。

3　強迫性障害に苦しむ人が頼る防衛機制

　強迫性障害に苦しむ人は、自分の中にある衝動、欲求、感情にひどく怯えるあまり、それらは自分のものではない、と信じています（その過程を抑圧と呼びます）。そして、自分の衝動、欲求、感情が自分のものではない、と知覚するためには、それが自分の外にある、と信じる必要があります。それが強迫性障害の症状として体験されます。

　つまり、「自分の中にはわけの分からないとても危険なもの（または邪悪なもの）がある」と本当は感じているのですが、それが自分の中にはないと信じなければ耐えられないので、それが外側から侵入してくるとか、自分にくっついて離れない、と感じるのです。さらに、私たちにとって「わけの分からない恐怖」はとても怖くて耐えがたいので、何が恐いのかについてわけが分かろうとして、「自分が怖れているのは泥棒だ」等と信じるのです。それが、泥棒、火事、エイズなどを非現実的に強く恐れるという症状になります。

言い換えると、泥棒、火事、エイズなどに象徴される攻撃的で破壊的な衝動を、本当は自分が感じているのですが、「それは自分の中にあるのではなく、外から来ているんだ」、もしくは「今にも外から来そうだ」と感じるのです。そしてその恐怖から自分自身を守ろうとして、火の元や鍵を念入りに確認します。ところがそれでも心の中の恐怖はなかなか消えないので、何度も繰り返し確認せざるを得なくなるのだと思います。

同じことは、手や体の汚れが気になって洗浄を繰り返さざるを得ない人にも言えるでしょう。彼・彼女は、自分の中にある何かの衝動、欲求、感情があまりに汚くけがらわしいものに感じられて耐えられないので、それは自分の外側にあり、くっついて離れないのだ、と感じるのでしょう。

また、「自分が赤ん坊を殺すんじゃないか」、「人を引き殺すんじゃないか」などの恐怖にも、同様のメカニズムが働いています。彼らの心には殺人的な憎悪の衝動があるのですが、それを、自分が感じている、と認識するのは恐ろしすぎるので、自分自身から切り離されます。そして、「とつぜんそんな衝動が襲って来そうだ」と怯えるのです。

また、すべての物事を決まったやり方や順序でおこわなければ不安で仕方のない人もいます。机の上のものがすべてきちんとそろって置かれていたり、物事をおこなうときに決まった順序でおこなわなければ不安でいられない人です。それは、抑圧している感情や衝動が抑圧の壁を破って突出しそうになっており、そのことが恐ろしすぎるのでしょう。そのため、すべてを自分のコントロール下に置かなければ気が済まない、という強い欲求を持つのだと思います。

4　パニック障害のメカニズム

同じようなメカニズムはパニック障害に苦しむ人にも起きていると思います。パニック障害とは、とつぜん心臓が激しく打ち始めたり、呼吸が苦しくなったり、全身の血の気が引いたりするパニック発作が起きて、「心臓マヒじゃないか」、「呼吸が止まってこのまま死ぬんじゃないか」と激しい恐怖に襲われる障害です。パニック障害に苦しむ人にとって、パニック発作はもちろん死の恐怖ですからとても苦しいのですが、彼らの生活をひどく制限するのは、発作自体よりも、いつ発作が起きるか分からないため自由に外出できなくなることです。つまり予期不安によって苦しんでもいるのです。

パニック障害に苦しむ人の特徴は、自分の中にある何らかの特定の衝動や感情にひどく怯えていることにあると思います。それゆえ、それらの衝動や感情が自分の中にあるとはとても認めることができず抑圧します。しかし、衝動や感情はいつも抑圧の壁を突き破って意識に現れようとしています。そしてそれらの衝動や感情を感じそうになったときには、「自分が、わけの分からない怖ろしい状態になっている」と感じ、身体的な異常だと知覚します。

話が変わるようですが、中身が見えない容器にチーズを入れ、「嘔吐物が入っている」と告げて人に臭いを嗅がせたら、その人は強い嫌悪感を覚えるでしょう。ところが同じものを、「極上のチーズだ」と告げて嗅がせたら、嗅いだ人は「おいしそうだ」と思うでしょう（Weir, 2011）。

話をパニック障害に戻します。感情には身体感覚がともないます。たとえば恐怖を感じると血の気がサーッと引いて呼吸が浅くなるし、緊張すると心臓がドキドキするし、怒ると血がカーッと上がりますし、悲しいと胸が詰まります。そんなとき多くの人は、「恐怖を感じて血の気が引いてきた」、

「悲しくて胸が苦しい」と感情に結び付けて解釈しますから、それらの身体的な変化自体に恐怖を感じることはありません。

ところがパニック障害に苦しむ人は、強い感情を感じることにひどく怯えていますから、感情が湧き上がって心臓がドキドキする、呼吸が苦しくなる、カーッと血が上がる、などの身体感覚が起きたとき、それについて、「感情が湧きあがった」とは解釈できません。そこで、「わけもなく急に呼吸ができなくなった！」「わけもなく心臓がバクバク打ち始めた！」と考え、激しい恐怖にかられます。

つまり、チーズの臭いという同じ身体的刺激でも、それにつけるラベルが異なると（嘔吐物、または極上のチーズ）、私たちの感情的反応はたいへん異なったものになるのと同じように、心臓の鼓動が早くなる、呼吸が苦しくなる、などの身体反応についても、それを「感情が湧き上がってきたからこんな身体的反応が出ているんだ」と当然のこととして受け取るのと、「わけの分からない恐ろしいことになっている！」とパニックによって受け取るのとでは、身体反応の意味は個人にとってまったく異なったものになるのです。

パニック障害に苦しむ人のなかでも、「不安になるとパニック発作が起きる」、ということを理解している人はいますが、彼らも、自分の中にある衝動、感情を具体的にありありと感じることはできません。そしてなかには、パニック発作が起きるのは自分が不安を感じたときだ、ということすら分かっていない来談者もいるでしょう。

5　どんな衝動、欲求、感情が抑圧されているのか

ここまで、強迫性障害とパニック障害の症状は、衝動や感情を抑圧し、自分から切り離そうとした結果である、とお伝えしてきました。では、強迫性障害・パニック障害に苦しむ人は、何の衝動や感情を必死で抑圧しようとしているのでしょう。

それは具体的には、心理療法の過程が進むにつれて来談者にも心理療法家にも少しずつ分かって行くことですが、一般論として、彼らがひどく怯えている衝動、欲求、感情としてとくに多いのは、憎悪、怒り、攻撃心でしょう。それは第十一章「対人恐怖・視線恐怖」の章でくわしく考察したことと同じです。対人恐怖の人は、それらの怖ろしすぎて受け容れられない衝動について、他者への投影という防衛機制で対処しているのですが、それに対し、強迫性障害に苦しむ人は、主に物へと外在化する、という方法で対処しています。パニック障害に苦しむ人は、単純な抑圧の防衛機制によって対処している（感情をあまり感じず、情緒的に平板な状態で生きてゆく）か、またはそれに加えて知性化防衛機制を用いて対処している（外界に対して理屈や知識を偏重して対処し、感情は感じない）ことが多いように思います。

また、強迫性障害に苦しむ人のなかで、親が自分の部屋に入って来たり自分の持ち物に触れたりすると、ものすごく腹が立つとともに、触られた物が汚く思えたりする、という人たちがいます。私は、それは引きこもりで苦しむ人に多い印象を持っています。そんな彼らが自分の中にあって受け容れられず苦しんでいる衝動の一つとして、親を幼児的に求める衝動があると思います。幼児は親から触れられたり抱きかかえられたりすることを強く求めます。そしてそのころに親の安定した温かい愛情を

十分に感じることができなければ、それをいつまでも求め続けざるを得ません。しかし、もはや幼児ではない個人にとって、親を肉体的に求める衝動には罪悪感がつきまといますし、また、親をそれほどまでに求めていることを感じると、それが得られない激しい寂しさも同時に感じることになり、辛すぎます。

ですから、彼らは親に対する怒りだけしか感じられず、それとは正反対の衝動である、親を身体的に求める衝動については、汚くけがらわしいものに感じられ、それは自分から切り離されて外在化されます。

次に、強迫症状およびパニック障害に苦しむ人の心理療法に当たって大切なことを検討してゆきます。

◇心理療法のポイント

強迫性障害とパニック障害に苦しむ人の心理療法においてとくに留意すべきことは、対人恐怖の来談者の援助において留意すべきことと同じです。つまり、まず大切なことは彼らの症状の苦しみに共感し、その共感を言葉で返すことです。彼らは、パニック発作が起きるのではないか、という不安と強迫症状とのためにとても不便な生活を強いられていますし、また、わけの分からないイライラや不安に絶え間なく苦しめられています。

そして、心理療法の対話が進むにつれて、彼らの抑圧された感情が徐々に感じられ、語られるようになります。そのとき、彼らの持つ、衝動や感情に対する恐怖に思いをはせながら、辛く苦しい衝動や感情の表現にとくに敏感になり、その表現に共感的に応答することが大切です。その辛く苦しい感情や衝動として比較的多いのは、孤独感、人から嫌われることへの恐怖、怒りと憎しみ、親を身体的に求める衝動、そしてそれらの感情と衝動についての罪悪感でしょう。

強迫性障害・パニック障害に苦しむ人の多くは、うつの症状にも苦しんでいると思います。次の章では、来談者の多くが苦しむうつ症状について、そのメカニズムと、援助にあたってのポイントを考察します。

第十三章　うつ症状と、双極性障害（躁うつ病）

1　うつ症状とは

うつにはさまざまな心理的、身体的症状があります。心理的な症状としては、長く大きな気分の落ち込み、どうしようもなくイヤでゆううつな気分、やる気が起きない、好きだったはずのことが楽しいと感じられない、人と会うのがおっくう、イライラと焦燥感、すぐに腹が立つ、自分のことが大嫌いに感じる、罪悪感、絶望感、自殺企図、集中できない、考えることができない、など。

身体的症状としてはあらゆる不調があり得ます。食欲がない、性欲がない、眠れない、眠ってもすぐに目が覚める、朝起きられない、何もしていないのに疲れる、めまい、頭痛、腰痛、下痢、便秘、胃の痛み、発汗など。

双極性障害（躁うつ病）の場合には、うつ症状の期間と、躁症状の期間が交互に現れます。躁状態は心身ともに過剰に活発な状態で、その症状としては、短い睡眠時間でも平気で活動する、多弁で早口になる、自分は誰よりも偉いと感じる、攻撃的になる、金遣いが荒くなる、アイデアがどんどん浮かぶ、性欲が高進する、などがあります。

2　うつ症状の原因は、抑圧による生命エネルギーの低下

うつ症状の主要な原因は感情の抑圧だと思います。うつ症状に苦しむ人の心には、激しい孤独感、人から好かれない恐怖、人が自分をありのままで愛し受け容れてくれないことへの激しい憤り、親の愛情を求める強烈な衝動、それらの感情や衝動に対する罪悪感、などが渦巻いており、それらを感じるのは苦しすぎるので、抑圧します。しかし私たちが感情を抑圧するとき、特定の感情だけを抑圧するのではなく、生命エネルギーそのものを抑圧せざるを得ないことがしばしばあります。それがうつ状態です。何もする元気もなく、世界がどんよりした重く暗い灰色になります。

同時に、抑圧された怒りや悲しみなどの感情は、ありありと感じると、とてつもなく辛く耐えがたいものですから、自分の中にある、わけの分からないとても恐ろしいものとして感じられます。その結果、うつ症状に苦しむ人は、心身の生命エネルギーの低下とともに、わけのわからない不安が心に渦巻いています。

3　自己攻撃

また、うつ症状に苦しむ人の特徴的なもう一つの防衛機制に、自己攻撃があります。怒り、憎しみ、攻撃を、その本来の対象である親に向けることができず、自分自身に向けるという防衛パターンです。その防衛によって、うつ症状に苦しむ人の心の中には、ひどい罪悪感と劣等感が生まれています。また、親の愛情と関心を情緒的かつ身体的に求める衝動を持つ自分自身に対する嫌悪感もあるかもしれません。

ところが、怒り、憎しみ、攻撃を自分自身に向けることによって防衛するだけでは抑圧しきれず、それらを感じてしまいそうになることがあります。そのときには、人によってはその感情、衝動を他者へと投影して、「他人がオレを攻撃する」という被害妄想を持ち、その相手を自己防御のつもりで激しく攻撃することがあります。このような防衛様式を持つ人は、イライラが強く、他罰的、他責的な傾向の強い人になります。

4　躁状態について

躁の症状は、抑うつ的な重苦しい気分や、わけの分からない不安、恐怖、焦り、イライラなどを感じることが耐えられないので、その反動として、それらとは正反対の感情を感じようとする防衛機制によるものだと思います。ですから、躁症状である元気の良さは、周囲から見るとどこか不自然だったり現実に即していないように感じられます。

ここからは、うつ症状および双極性障害に苦しむ人の心理療法におけるポイントをお伝えします。

◇心理療法のポイント

(1)　主訴の苦しみに共感すること

うつ病・双極性障害に苦しむ来談者の心理療法に当たってとくに留意すべきことは、どの来談者にも言えることですが、まず主訴の苦しみに共感することです。そのとき心に留めておくと有益なことがあります。来談者はしばしば、「うつです」と言って心理療法家のもとを訪れますが、「うつ」というのは抽象的な言い方であって、来談者の苦しみをありありと具体的に語ったものではない、ということです。来談者の実際の苦しみはずっと具体的です。たとえば、「朝、目が覚めるとものすごくイヤな気持ちでいっぱいで、苦しくて起きることができない」、「寝ようとしても、〇〇になってしまうんじゃないか、と不安で不安で仕方がなくなり、そのことが頭のなかをグルグル回って、寝付けない」など。

ですから、来談者が「うつです」と言うのは、彼・彼女は何がどう苦しいのかをまだ語れないときであり、**本当は、心理療法家に見せている様子よりもはるかにひどい苦しみの中にいる、ということに思いをはせることが必要だと思います。**そういう共感的なあり方が少しずつ伝わるにつれ、来談者は彼・彼女の苦悩を少しずつより正直に詳しく具体的に語ることができるようになります。

(2) 深い愛情飢餓感の傷つきを理解すること

また、うつ病・双極性障害に苦しむ来談者は、親から無条件で安定した愛をもらえなかったことの激しい寂しさと怒りを抱えていますから、その苦しみから逃れようとして、自分の子ども、配偶者、友人、職場など周囲の人々の過大な関心、サポート、高い評価を求めます。ですから周囲の人々はたいへんです。それらの人々に対して来談者が求める関心や愛情欲求は非現実的に過大ですから、彼・彼女の要求や期待は何度も裏切られてきたはずです。彼・彼女はそのことからくる傷つき、怒りにも苦しんでいますから、その傷つきと怒りの苦悩にも思いをはせることが大切です。

うつ病・双極性障害に苦しむ来談者は、激しい愛情飢餓感から、やがて心理療法家の愛情、関心を過剰に求めるようになります。そしてその欲求に適切に対応することが、決定的な重要性を持ちます。

適切な対応とは、第七章「激しい孤独感」の、「心理療法のポイント(1)～(4)」で述べたことです（本書一〇四頁）。その要点は、来談者が心理療法家に対して過剰な要求をしたり、その要求に応えないからということで落胆したり、悲しんだり、怒ったりする過程が生じるので、そのときに心理療法家が愛情欲求や怒りを受け止め、共感し、あくまで来談者の愛情飢餓感の苦しみや怒りをできるだけ来談者の身になってひしひし、ありありと想像し、理解しようとし続けることです。

また、うつ病・双極性障害に苦しむ来談者は自殺の危険性があります。援助に当たっては、その点に気をつけていなければなりません。

本書ではここまで、激しい孤独感からうつ病・双極性障害まで、心理療法家が出会うことの多い症状のいくつかについて七つの章に分けて考察してきました。次の章では、そのメカニズムをもう一度おさらいします。そして最後に、心理療法において症状について考えるさいに大切なことをお伝えします。

第十四章　症状が生まれるメカニズムのおさらい、そして、症状について考えるさいに大切なこと

1　メカニズムのおさらい

ここからは、本書で取り上げた症状が生まれるメカニズムのおさらいをします。

人は、親の無条件の愛情を求める強烈な衝動をもって生まれてきます。しかし、完璧な親はいませんし、完璧な子育てもあり得ませんから、子どもは、それらの衝動が大なり小なり満たされることなく育ちます。そして、子どもはその程度に応じて、親から愛されない孤独感と悲しみを感じます。また、子どもは親から世話してもらわなければ生きてゆけませんから、親から愛されないことは激しい恐怖をも引き起こします。

人はまた、自己実現を求める激しい衝動も備えて生まれます。その衝動はいのちの持つ成長力であり、自己治癒力でもあります。ところが、自己実現を求める機会が保障されなければ、成長や成功の喜びは得られないし、自己実現の危険を冒す勇気も育まれないので、自分の能力に自信が持てないままに成長します。また、そのためとても臆病になるので、自己実現に向けて挑戦するよりも安全を優先させる傾向が強くなりますから、いっそう自己実現の喜びが体験できずに育ちます。

また、自己実現を求める機会を親が許さないとき、子どもは「お父ちゃん、お母ちゃんはぼく・私の気持ちを分かってくれない、自分の気持ちを尊重してくれない」と感じます。それは愛してもらえない傷つきとして体験されます。ですからそのことからも、無条件に愛してもらえない孤独感、悲しさ、恐怖を感じます。

激しい孤独感に苦しむ人は、その「お父ちゃん、お母ちゃんはぼく・私を愛してくれない」という、幼い子どものときに感じた激しい寂しさと恐怖をずっと抱き続けている人です。またそれゆえに、「お父ちゃん、お母ちゃんから認められ受け容れられなければ、寂しくて恐ろしくて耐えられない。だから、自分が何を感じているか、何がほしいか、何がしたいか、というようなことは無視して、お父ちゃん、お母ちゃんの要求や期待通りに行動しよう。そうして、お父ちゃん、お母ちゃんから認めてもらおう」と決めて自分の欲求からも感情からも切り離された人は、「**自分が何がほしいのか、何が好きなのか、何をしたいのかが分からない**」、「**自分の人生を生きている実感がない**」と感じるようになります。

また、親から無条件に愛され受け容れられた実感が乏しい人ほど、「ぼく・私は愛される価値のない子どもだ」と信じて育ちます。それが、深く激しい**劣等感・自己無価値感**の一つの源になります。また、幼いころに親の愛情を身体的に求める衝動が十分に満たされなければ、成長してからもその衝動の充足を求め続けますから、自分の中のその幼児的な衝動に対して罪悪感を感じ、そんな衝動をもつ**自分自身への嫌悪感**を抱きます。

それと同時に、親から拒絶された感情、態度、行動については「悪いものだ」と感じて自分自身から切り離し、自分にはそんなものはない、と信じます。それが、他人よりも自分のほうが優れている、という優越感の源になります。彼らは、劣等感の苦しみから逃れるすべとして、優越感を必要としています。

彼らはまた、親の愛情を求める激しい孤独感のあまり、親と同じ価値観や物の見方を取り入れようとしますので、「親はぼく・私をダメな子だと思っている」という見方も取り入れますから、劣等感を手放すことはできません。劣等感を手放すということは、親の愛情をあきらめることを意味するという、無意識の信念があるからです。

また、子どもが親の無条件の愛情を感じられないとき、親への激しい怒りを感じます。しかし、親に対する怒りは子どもにとって大きな不安の源になります。なぜなら、親に対して怒ると、親からいっそう激しく拒絶されたり、親が不安定になったりするからです。とくに、子どもの愛情と関心が欲しくてたまらない親ほどそうなります。また、道徳観として、「親に対して怒ってはならない」とか「感情的になるのは恥ずかしいことだ」という規範を内在化している人ほど、親への怒りを感じることを自分自身に禁止してしまいます。さらに、親への怒り、憎しみがあまりに激しい場合には、それが突出するとコントロールできず、親を殺すなどのたいへん破壊的な行為をしてしまうのではないか、という無意識的な恐怖を感じます。それゆえ、自分自身の中にある怒りと攻撃性をとても恐れます。

このように、愛されない寂しさと愛情飢餓感、親を幼児のように求める強烈な愛情欲求、親への激しい怒りと憎しみ、そしてそれらの衝動に対する罪悪感、といった激しい感情と衝動を感じるのはあまりに苦しすぎます。そこで、私たちは自分自身を苦痛から守ろうとして、無意識のうちにさまざまな防衛機制を使って、それらの感情や衝動を感じないようにします。

その防衛機制の一つとして、単純に抑圧してしまうことがあります。そして、抑圧された感情や衝動を感じそうになったとき、私たちは「わけの分からないとても怖ろしい状態になっている（なりそうだ）」と知覚します。それが**パニック障害**の症状です。そのとき、彼らの心に湧きあがってきた感情はそのごく一部しか感じられていません。また、突出してきそうな不安を自分の外側にある何かの物へと外在化すると、「怖ろしい災難（火事や泥棒など）に襲われるのではないか」とか、「汚いものが自分にくっついて離れない」と知覚する**強迫性障害**の症状になります。

親への怒り、憎しみ、攻撃心を、親に向けないようにする目的で自分自身に向けると、自分自身を責める**劣等感**、**自己無価値感**の症状になります。また、**リストカット**も同じ防衛から生じる行動ですが、リストカットの場合にはさらに、怒り、憎しみ、攻撃心、親を幼児のように身体的に求める衝動を持っていることの罪悪感から自分自身を罰しようとしていますし、また、生きている実感のないうつ気分から一時的に逃れようとする目的もあります。

また、親への怒り、憎しみ、攻撃心を他者に向けるとき、いわゆるクレーマーやモンスターピアレンツと呼ばれるような、**他人に対する非常に攻撃的でときには残忍な行動**におよびます。そのため、人間関係に多くの問題を持ちます。

また、そのような怒り、憎しみ、攻撃心が自分の中にあることを否認し、他人が自分に対してその怒りを感じているのだ、と信じれば、**対人恐怖**、**視線恐怖**の症状になります。

また、それらの受け容れがたい感情や衝動を抑圧する目的で、低エネルギー状態を作り出すのが**うつ症状**の原因です。うつ症状に苦しむ人はまた、怒り、憎しみ、攻撃心を自分自身に向けるので、**劣**

等感、**自己無価値感**にも苦しんでいます。そして、劣等感、自己無価値感を感じないようにしようとして、「すべてを完璧にしなければならない」と信じます。それが**完璧症**の苦しみになります。完璧症の苦しみはまた、「お父ちゃん、お母ちゃんが求める愛情と承認の条件をすべて満たすことによって、いつかは愛されたい」という欲求から生まれるものでもあります。

感情エネルギーを抑えつけてうつ症状になっても、抑圧された感情は心に感じられ、わけの分からない不安やイライラとして知覚されます。その苦しさを感じないようにするために、うつとは正反対の高エネルギー状態を作り出すと、躁状態になります。そのようにうつ状態と躁状態を繰り返すのが、**双極性障害**です。

2　症状は互いに関連している

このように見てゆくと、本書で挙げた症状は互いにつながっていることが分かります。ですから、一人の来談者には複数の症状が同居します。たとえば、対人恐怖に苦しむ人は、激しい愛情飢餓感と劣等感にも苦しんでおり、それゆえ完璧症の傾向があります。さらに、うつ症状にも苦しんでいることが普通ですし、他人に対する非現実的に激しい怒りと攻撃性が暴発することもあるかもしれません。同様に、うつ病に苦しむ人は、激しい孤独感と愛情飢餓感を抱えていますし、劣等感も対人恐怖も強く、完璧症の傾向があり、生きている実感にも乏しい状態にあります。

そして来談者は、それらの症状のうちもっとも自我違和的で苦しいものを主訴として訴えます。なお自我違和的（ego-dystonic または ego-alien）とは、特定の行動や心理的反応について、「これは変だ」とか「本当はこんなに苦しまなくても済むんじゃないか」などと感じている状態を指します。その反対は自我親和的（ego-syntonic）と呼ばれる状態で、それは自分自身の行動や心理的反応について、「こう行動したり感じたりするのが当たり前だ」と知覚している状態を指します。

心理的な苦しみについて、自我親和的であればそれは症状としては知覚されないことが多く、苦しみのうち自我違和的なものが症状として訴えられます。

3　主訴によって心理療法のやりかたが変わるわけではない

ここまで、症状は互いに関連しており、一人の来談者のなかに同居している、と述べてきましたが、そのことが心理療法の実践に当たってどう大切なのかをお伝えします。

私がおこなっている傾聴を主とする心理療法に当たっては、来談者が心の苦しみのうち、どれを主訴として訴えるかによって援助の仕方が変わるわけではありません。本書では、主訴別に心理療法においてとくに留意すべき点を挙げましたが、それらはあくまで来談者の苦悩を理解し援助するために役立つポイントを明示したものであり、異なる心理療法の方法を提案しているわけではありません。このことについて、次に例えを挙げて説明します。

4　症状を治すのではなく、症状の源を治す

ある人が風邪を引いて医者のところに行ったとします。きっとその人は最も困っている症状を医者に伝えるでしょう。たとえば、その人の仕事がいつも混雑している店舗での接客業であれば、大きな

くしゃみが何度も出て鼻水が流れると困るでしょうから、彼・彼女は医者に「くしゃみと鼻水がすごいんです」と言うでしょう。

または、もしもその人が一日中多くの人と話すので咳にもっとも困らされているなら、「咳がひどいんです」と医者に伝えるでしょう。

しかし実際には、彼・彼女は咳もくしゃみも鼻水も症状として持っているのであり、そのうちどの症状を医者に伝えたかによって治療法が違ってくるわけではありません。治療法は、「温かくしてよく休むこと」でしょう。それによって自己治癒力が働き、風邪が治ります。すると、一つひとつの症状を治そうとしなくても、すべての症状が自然に消えます。

5　大切なのは、来談者の主観的な経験を共感的に理解すること

このことは、私の心理療法のやり方にも当てはまることです。来談者が来て最初に何が主訴だと言ったかは、心理療法の過程において中心的な重要性を持つことではありません。ですから、主訴にこだわり続けたり、主訴を治すことに注意を奪われたりするのは非生産的だと思います。

たとえば、「まず、心理療法でタックルする主訴（心理療法のゴール）を最初に決め、それに向けて進めてゆく」というやり方は、心理療法の展開を妨げてしまうように私には思えます。そもそも、主訴（来談者の主な悩み）は、心理療法の過程が進むにつれて変化してゆくものです。セッションごとに、主訴、つまり来談者が取り組もうとする課題、困難、および来談者にとっての中心的な苦しみや悩みごとは異なります。来談者の気づきが広がり、深まり、心のあり方が変化するからです。そう

でなければ心理療法は進んでいません。

来談者の症状を良くしよう、という姿勢は心理療法家の持つべき姿勢ではないし、症状が良くなったかどうかで一喜一憂するのは、深い援助をする態度ではないと思います。内科医で臨床心理士の岸本寛史氏は、治療者が低く安定した重心を保つことが必要だ、と主張していますが（岸本 二〇〇四、一六二―一六三頁）、私もまったく同感です。来談者の、症状をめぐる不安に一緒になって右往左往するのではなく、あくまで来談者の主観的な経験を、腰を落ち着けて理解しようとする態度が大切だと思います。

6　診断よりも、来談者をその人の身になって理解することが大切

同様に、来談者の症状がＤＳＭのどの診断名に当たるか、ということ自体も、来談者の主観的な経験を来談者の身になって理解しようとする心理療法の実践には無関係のことです。

たとえば、「うつなら抗うつ剤が必要だ」という単純な見方は、診断を中心として来談者を置き去りにする見方だと思います。来談者の症状が、たとえばＤＳＭ―Ⅳの大うつ病にあたるのか、それとも気分変調障害なのか、などの判断をつけようとしてこまごまとこだわるのは無益ですし、そのような、外側のものさしを来談者に当てはめようとする姿勢は、心理療法の過程をさまたげるでしょう。

私はその点で、前述の、医師である岸本寛史氏の次の視点はとても大切なものだと思います。「（うつ病なら薬が必要、ということは）医療側の『物語り』であって、それがそのまま患者の気持ちに沿うことになるか、患者の助けになるかどうかは、よく吟味しなければならない、ということになるだ

ろう。うつを診断するために、（たとえ質問紙という形であっても）診断的な問い（たとえば、気分が落ち込んでいますか、死にたいと思ったことはありますかなど）をすることそのものが、すでに患者の気持ちから離れてしまう可能性もある、という自覚も必要である（岸本 二〇〇四、三七―三八）。」

7　心理療法の出発点も到着点も、来談者の主観的な経験を共感的に理解すること

心理療法の過程とは、あくまで「いま－ここ」で来談者が何を感じ、何を考え、何を理解してほしいと願っているかを、できるだけ来談者の身になってひしひし、ありありと共感的、受容的に想像し理解し、その理解を来談者に返して共有してゆく過程だと私は思います。

来談者が、「ここでは何を話しても何を感じても分かってもらえ、受け容れてもらえる」と感じる関係こそが、彼・彼女が深い心の痛みや葛藤の苦しみを解決してゆける関係になると私は思います。

その過程において、ときに来談者はとても辛く苦しくなることがあるかもしれませんし、そんなとき、心理療法家のことを「厳しい」、「冷たい」等と感じて悲しんだり、怒ったり、責めたりするかもしれません。しかしそのなかでも、心理療法家は、あくまで来談者の主観的な思いを共感的に理解する人としての態度を保持し続けます。

その人間関係のなかで、来談者の心に変化が起きてきて、心の自己治癒力（自己実現の力）が発揮され、心の痛み、葛藤が解決されてゆき、症状も治まってゆきます。つまり、風邪の場合に「温かくしてよく休む」ことに当たるのが、心理療法の来談者にとっては、そんな共感的で無条件に受容的な人間関係の中にいることなのです。

補足　心理療法の実践力をつけるために効果的な、四つのトレーニング

私は、自分自身の心理療法家としての成長の過程を振り返るとき、また、大学院生および臨床心理士にトレーニングやスーパービジョンを提供してきた経験から、心理療法の実践力をつけるために効果的な方法と非効果的な方法がある、と強く感じます。私の経験から、次の四つのトレーニングを積極的におこなうことが、心理療法家としての能力を高めるためにとても有益だと思います。

これらのトレーニングは、自分から機会を作り実行することが大切です。ぜひあなたには、これら四つのトレーニングを実践して、援助能力の高い心理療法家としてさらに成功していただきたい、と心から願います。

1　心理療法を受けることによって、自分自身の癒されない心の痛みや未解決の問題を高い程度に解決すること

心理療法家が、高い程度に自分自身の心の痛みを癒し未解決の心の葛藤を解決することが、能力のある心理療法家になるためにもっとも大切なことだと思います。氏原寛氏は、心理療法家が来談者とつながりを感じるということは、心理療法家が来談者の中に自分自身を見出すということであり、そのためには心理療法家が自分自身に開かれていることが必要だ、と述べています（一九九五、一九頁、

七五頁）。私も同感ですし、また、心理療法家自身の変容の歩みが、来談者に変容をうながす力になると感じています。

人が人に提供しうるものは、自分自身にほかならない。それ以上でも以下でもない(10)。

2　心理療法の技術練習を繰り返して技術を磨くこと

来談者役、心理療法家役に分かれて対話の練習を積みましょう。これは絶対に必要なことです。諸富祥彦氏は、傾聴の基本トレーニングができていない心理士が増えていると述べていますが（二〇一〇、七九頁）、私も同感です。最初は五分間ほどの練習セッションでかまいません。心理療法がうまく行かない心理療法家は、五分間の模擬練習でも話し手に沿って聴くことができませんし、五分間の模擬面接において話し手に沿って共感的に聴くことができるようになると、五十分間の実際の面接の成果が目覚ましく向上します。それは私自身の心理療法家としての経験でもあり、また、心理療法家のトレーニングをしてきた経験でも言えることです。

面接練習は録音しておき、あとで振り返って話し合いをすると有益でしょう。また、対話練習は傾聴技術の高い専門家に指導してもらうことが必要です。毎回は無理なら、せめてときどきでも、有能な心理療法家からアドバイスをもらいながら練習を繰り返しましょう。有能な専門家はたくさんおり、探せば見つかります。練習相手を見つけて練習をはじめましょう。

3　個人スーパーヴィジョンを受けること

心理療法は、技法を学んでそれを覚えればできるとか、講義や本で理論を学べばできる、というものではなく、非常に高い技量を必要とする、たいへん高度な専門職です。そしてそれは師匠から教わる職人技です。

また、ケース検討会やセミナーに参加するのは良いことですが、いろんな先生からすこしずつ学んでも、どれも本当には学べず、心理療法家としての力はつきません。ですから、有能な心理療法家一人について、その人の理論、見方、やり方を学び、とにかくその先生の見方、やり方を忠実に学んで忠実に実践しましょう。自分の「個性」「やり方」に固執しては、我流で固まってしまい成長しません。個性と我流はちがいます。また個性は「作ろう」とか「守ろう」としてできるものではなく、すなおに誠意を持って真摯に取り組んでいるうちに自分では分からないうちにできているものです。

4　実践に役立つ学び方で理論を身につけること

理論はとても重要です。しかし、専門用語を暗記するような学びかたでは実践には役立ちません。私にとって、理論とは来談者の経験していること、考えていること、体験していることを、来談者の身になって理解する（共感）ためのものですから、心理療法に役立つ理論とは、その理論によって、来談者の経験をより共感的に理解できる理論のことです。それは、主に個人スーパービジョンを通して身につけ、その大切な補助として、読書・講義によって知識を学ぶことが有益だと思います。

（10）Ram Dass（1973）の言葉。ウォルシュ、ヴォーン（一九八六）からの引用。

さらに深く学ぶために——おすすめの本

本書でお伝えした心理療法の見方、考え方をさらに深く理解するために有益だと私が思う本を三冊紹介します。

『ロジャーズが語る自己実現の道』カール・ロジャーズ著　諸富祥彦・保坂亨・末武康弘訳　岩崎学術出版社

この本はロジャーズの代表的な著書のひとつで、人間のこころについて、心理的援助について、人間の変化と成長について、の彼の見かた、考えかたを学ぶためにぴったりの本です。

『やさしいカウンセリング講義——もっと自分らしくなれる、純粋な癒しの関係を育むために』古宮昇著　創元社

本書でお伝えした、心理療法の見方と考え方を詳しく分かりやすく説明する本です。とくに、心理療法において表層的で一時的な症状の改善以上の変化をもたらすためには、転移と転移治癒について深く理解することが大切だと思います。「やさしいカウンセリング講義」では、心理療法の基本となる人間観と援助についての見かた、考えかたとともに、転移と転移治癒について例を多く挙げながらていねいに解説しています。

『傾聴術——ひとりで磨ける〝聴く〟技術』古宮昇著　誠信書房

来談者が言ったことに対する援助的な応答を、練習し学ぶための本です。九人の来談者が登場して主訴を語り、それに対して何と言って応答するかを書きこむワークブック形式になっています。多くなされそうな応答を一つずつ取り上げて詳しく検討し、援助的な応答の考え方を身につけます。

謝辞

本書を書くにあたって、田村祐子さん、中谷桂子さん、門野香さんから有益な助言をいただきました。

大阪経済大学大学院臨床心理学専攻課程では、市川緑先生、鵜飼奈津子先生、黒木賢一先生、田中健吾先生、村山満明先生と一緒に、おかげさまで有意義に仕事をさせていただいています。

舩岡三郎先生のご指導のおかげで、かつての私に比べると心理療法家としての実力が向上し、曲がりなりにもプロとして仕事をさせていただけています。

岩崎学術出版社編集部の長谷川純さんのおかげで、本書が生まれました。

みなさまに深く感謝します。

Wills, T. A., & DePaulo, B. M. (1991). Interpersonal analysis of the help-seeking process. In C. R. Snyder & D. R. Forsyth (Eds.). Handbook of social and clinical psychology: Health issues (pp. 350–375). New York: Pergamon Press.

Ye-Ha Jung, Do-Hyung Kang, Joon Hwan Jang, et. al. (2010). The effects of mind-body training on stress reduction, positive affect, and plasma catecholamines. Neuroscience Letters, July 2010.

college students' attitudes toward seeking professional psychological help. Journal of Counseling Psychology, 47, 138–143.

Komiya, N., & Eells, G. T. (2001). Emotional openness as a predictor of attitudes toward seeking counseling among international students. Journal of College Counseling, 4, 153–160.

Kushner, M. G., & Sher, K. J. (1989). Fear of psychological treatment and its relationship to mental health service avoidance. Professional Psychology: Research and Practice, 20, 251–257.

Leaf, P. J., Bruce, M. L., Tischler, G. L., & Holzer, C. E. III. (1987). The relationship between demographic factors and attitudes toward mental health services. Journal of Community Psychology, 15, 275–284.

Miller, S. D., Duncan, B. C., Hubble, M. A. (1997). Escape from Babel: Toward a unifying language of psychotherapy practice. New York: W. W. Norton.（曽我昌祺ら訳『心理療法・その基礎なるもの――混迷から抜け出すための有効要因』金剛出版. 2000.）

President's Commission on Mental Health. (1978). Report to the President, Vol. 1. Washington, DC: U. S. Government Printing Office.

Ram Dass (1973). Love, serve, remember. Audiotape produced by Hanuman Foundation. Santa Cruz: CA.

Robertson, J. M., & Fitzgerald, L. F. (1992). Overcoming the masculine mystique: Preferences for alternative forms of assistance among men who avoid counseling. Journal of Counseling Psychology, 39, 240–246.

Rogers, C. R. (1951). Client-centered therapy: Its current practice, implications, and theory. Boston: Houghton Mifflin.

Rogers, C. R. (1957). The necessary and sufficient conditions of therapeutic personality change. Journal of Consulting Psychology, 21, 95–103.

Rogers, C. R. (1961). On becoming a person. Boston: Houghton Mifflin.

Rule, W. R., & Gandy, G. L. (1994). A thirteen-year comparison in patterns of attitudes toward counseling. Adolescence, 29, 575–589.

Stefl, M. E., & Prosperi, D. C. (1985). Barriers to mental health service utilization. Community Mental Health Journal, 21, 167–177.

Vogel, D. L., Wester, S. R., Larson, L. M., & Wade, N. G. (2006). An information-processing model of the decision to seek professional help. Professional Psychology: Research and Practice, 37, 398–406.

Watson, J. C., & McMullen, E. J. (2005). An examination of therapist and client behavior in high- and low-alliance sessions in cognitive-behavioral therapy and process experiential therapy. Journal of Psychotherapy Integration, 10, 297–310.

Weir, K. (2011). Scents and sensibility. Monitor on Psychology, 42 (2), 40–44.

のメッセージ』ぴあ株式会社.
渡部麻美・松井豊・高塚雄介（2010）ひきこもりおよびひきこもり親和性を規定する要因の検討「心理学研究」第81巻5号，478–484.

（欧文献）

American Psychological Association, Practice Directorate. (1996). American Psychological Association Public Education Campaign Kit. Washington, D.C.: Author.

Bronstein, P., Fitzgerald, M., Brainiest, M., Pieniads, J., & D'Ari, A. (1993). Family emotional expressiveness as a predictor of early adolescent social and psychological adjustment. Journal of Early Adolescence, 13, 448–471.

Fiedler, F. E. (1950). A comparison of therapeutic relationships in psychoanalytic, nondirective and Adlerian therapy. Journal of Consulting Psychology, 14, 436–445.

Fischer, E. H., & Turner, J. L. (1970). Orientations to seeking professional help. Journal of Consulting and Clinical Psychology, 35, 79–90.

Gill, M., M. (1982). Analysis of transference, Vol. 1. Theory and technique. Madison: International Universities Press.

Good, G. E., Dell, D. M., & Mintz, L. B. (1989). Male role and gender role conflict: Relations to help seeking in Men. Journal of Counseling Psychology, 36, 295–300.

Good, G. E., & Wood, P. K. (1995). Male gender role conflict, depression, and help seeking: Do college men face double jeopardy? Journal of Counseling and Development, 74, 70–74.

Greenson, R. R. (1967). The technique and practice of psychoanalysis. Madison: WI. International Universities Press.

Heppner, P. P., Rogers, M. E., & Lee, L. A. (1990). Carl Rogers: Reflection of his life. In P. P. Heppner (Ed.), Pioneers in counseling & development: Personal and professional perspectives (pp.54–59). Alexandria, VA: American Association for Counseling and Development.

Hinson, J. A., & Swanson, J. L. (1993). Willingness to seek help as a function of self-disclosure and problem severity. Journal of Counseling & Development, 71, 465–470.

Horwitz, A. (1977). The pathways into psychiatric treatment: Some differences between men and women. Journal of Health and Social Behavior, 18, 169–178.

Kelly, A. E., & Achter, J. A. (1995). Self-concealment and attitudes toward counseling in university students. Journal of Counseling Psychology, 42, 40–46.

Kessler, R. C., Brown, R. L., & Broman, C. L. (1981). Sex differences in psychiatric help-seeking: Evidence from four large-scale surveys. Journal of Health and Social Behavior, 22, 49–64.

Komiya, N., Good, E. G., & Sherrod, N. (2000). Emotional openness as a predictor of

引用文献

(和文献)

岩壁茂（2007）『心理療法・失敗例の臨床研究――その予防と治療関係の立て直し方』金剛出版.

ウォルシュ,R. N. & ヴォーン,F.（1986）サイコセラピーを比較する. ウォルシュ&ヴォーン（編著）『トランスパーソナル宣言――自我を超えて』吉福伸逸訳, 春秋社, pp. 266–288（原著：Walsh, R. N. & Vaughan, F. (Eds.). Beyond ego: Transpersonal dimensions in psychology.）

氏原寛（1995）『カウンセリングはなぜ効くのか――心理臨床の専門性と独自性』創元社.

乙武洋匡（1999）『五体不満足』講談社.

岸本寛史（2004）『緩和のこころ――癌患者への心理的援助のために』誠信書房.

グリーンバーグ, L. S., ライス, L. N., エリオット, R.（2006）『感情に働きかける面接技法――心理療法の統合的アプローチ』岩壁茂訳, 誠信書房.（原著：Greenberg, L. S., Rice, L. N., & Elliot, R. (1993) Facilitating emotional change: The moment-by-moment process. The Guilford Press.）

古宮昇（2009）「ヨガの心理的効果についての実証的研究」日本心理臨床学会第28回大会.

中釜洋子（2010）『個人療法と家族療法をつなぐ――関係系志向の実践的統合』東京大学出版会.

中島勇一（2004）『癒しのヒプノセラピー――心の傷から解放された人々の物語』メディアート出版.

船岡三郎（1992）『教師のための人間の「心」の科学（四訂版）』京都学校心理療法研究所（この本は市販されていません）.

フランクル, V.（1985）『夜と霧――ドイツ強制収容所の体験記録』霜山徳爾訳, みすず書房.

ボウルビィ, J.（1993）『母と子のアタッチメント――心の安全基地』二木武訳, 医歯薬出版.（原著：Bowlby, J. (1988) A secure base: Patient-child attachment and healthy human development. Basic Books.）

松居直（1965）『ももたろう』福音館書店.

森岡正芳（2005）『うつし　臨床の詩学』みすず書房.

諸富祥彦（2010）『はじめてのカウンセリング入門（下）　ほんものの傾聴を学ぶ』誠信書房.

夢をつかむイチロー262のメッセージ編集委員会（2005）『夢をつかむイチロー262

著者略歴

古宮昇（こみや　のぼる）

米国メリーランド州立フロストバーグ大学修士課程修了

州立ミズーリ大学コロンビア校心理学部より博士号（PhD. in Psychology）を取得

ノースダコタ州立こども家庭センター常勤心理士，パイングローブ精神科病棟インターン心理士，州立ミズーリ大学コロンビア校心理学部非常勤講師などを経る

現　在　大阪経済大学 人間科学部 教授（臨床心理士養成第一種指定大学院）

（NPO 法人）ストレス・カウンセリング・センターにて開業心理療法をおこなう。

著　書　『傾聴術——ひとりで磨ける“聴く”技術』（誠信書房）

『やさしいカウンセリング講義——もっと自分らしくなれる，純粋な癒しの関係を育むために』（創元社）

『心理療法入門——理論統合による理論と実践』（創元社）

『大学の授業を変える——臨床・教育心理学の知見を活かした，学びを生む授業法』（晃洋書房）

など多数。

ケース検討会，カウンセラー・トレーニングなどの講師や，講演のご依頼にはできるだけお応えしますので，下記または古宮昇ホームページからお願いします。

〒533-8533　大阪市東淀川区大隅 2-2-8　大阪経済大学　古宮昇

ファックス　06-4809-0558（大阪経済大学心理臨床センター）

こころの症状はどう生まれるのか
—共感と効果的な心理療法のポイント—
ISBN978-4-7533-1021-0

著　者
古宮　昇

2011年5月27日　第1刷発行
2020年4月7日　第3刷発行

印刷　日本ハイコム(株)　／　製本　(株)若林製本工場

発行所　(株) 岩崎学術出版社　〒101-0062　東京都千代田区神田駿河台3-6-1
発行者　杉田啓三
電話 03(5577)6817　FAX 03(5577)6837